KASHIWA CLASSICS

ホロコーストを
DER HOLOCAUST
学びたい人のために

ヴォルフガング・ベンツ
Wolfgang Benz

中村浩平＋中村仁＝訳

柏書房

DER HOLOCAUST
by Wolgang Benz

ユダヤ人商店へのボイコットを呼びかける広告塔

炎上するシナゴーグ

「水晶の夜」で破壊されたショーウィンドウ

パレスチナへの国外移住を申請するユダヤ人

SSに辱めを受けるユダヤ人

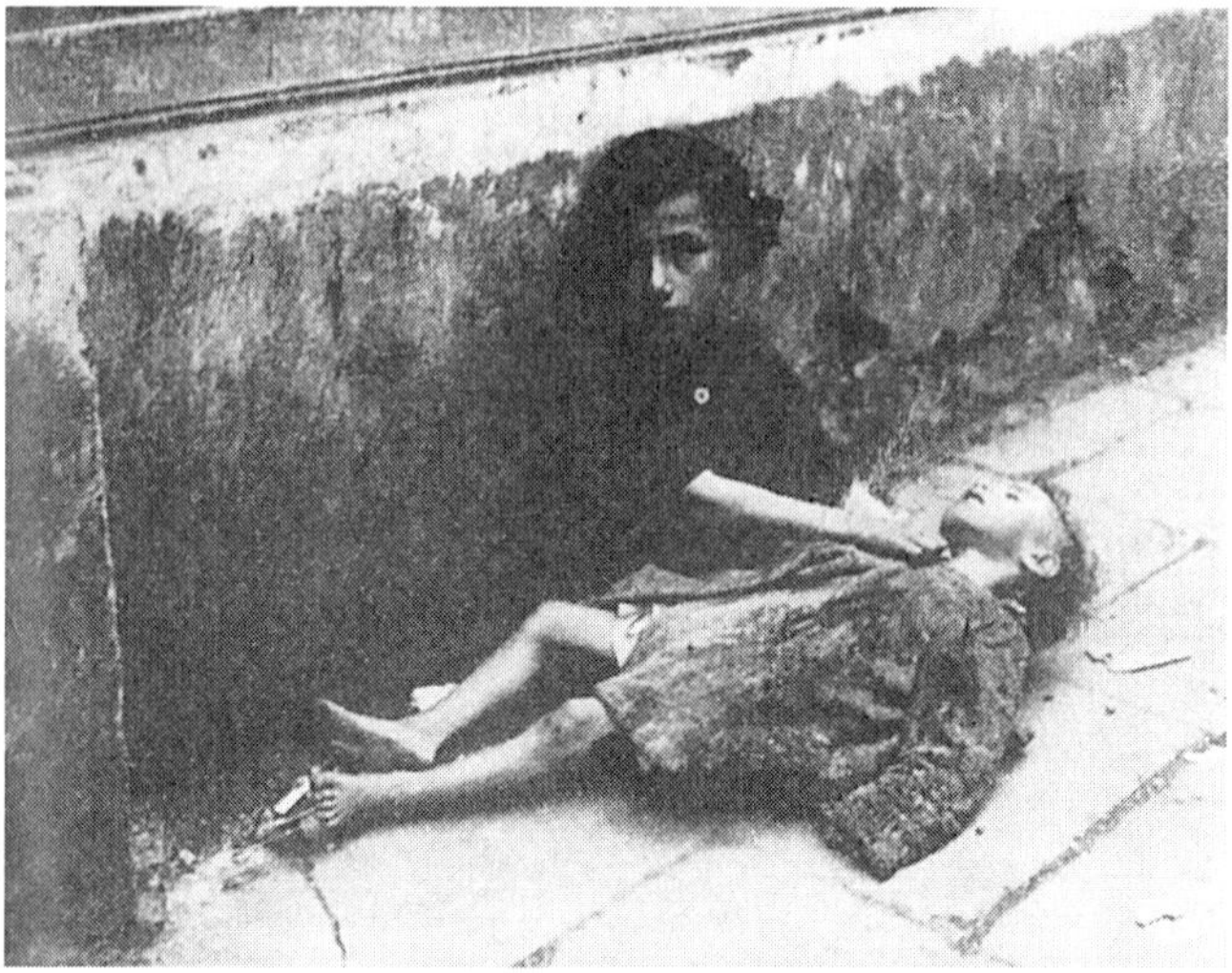

ワルシャワ・ゲットー

移送されるユダヤ人

アウシュヴィッツ＝ビルケナウへの到着

東部で行われたユダヤ人女性の処刑

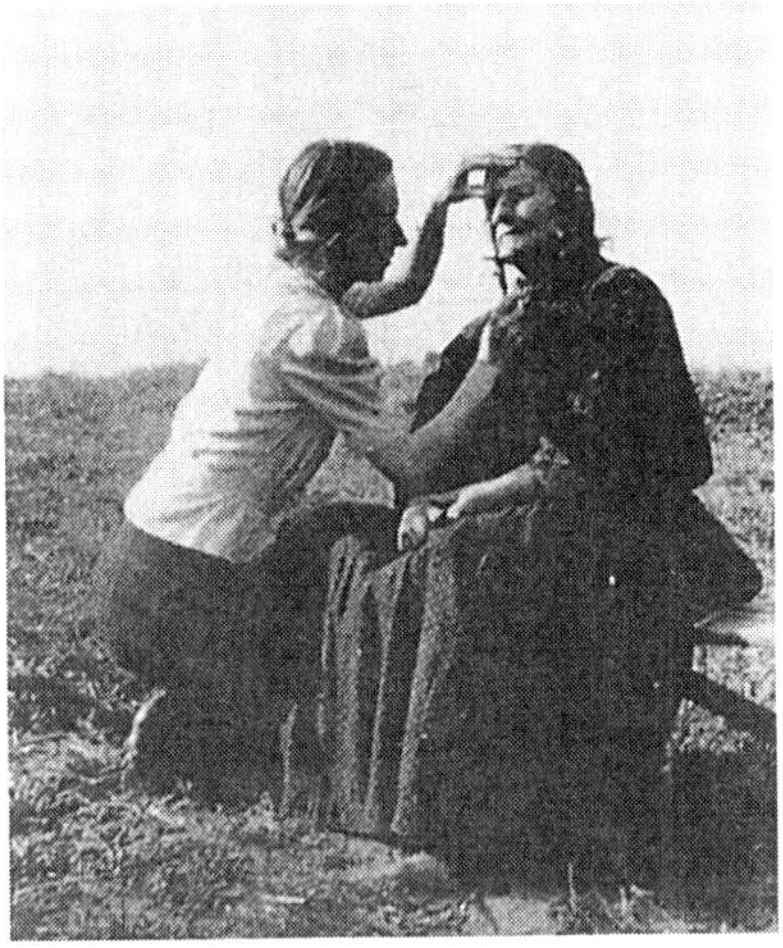

「ジプシー」の人体検査

ガス室で使用されたツィクロンB

Land		Zahl
A. Altreich		131.800
Ostmark		43.700
Ostgebiete		420.000
Generalgouvernement		2.284.000
Bialystok		400.000
Protektorat Böhmen und Mähren		74.200
Estland - judenfrei -		
Lettland		3.500
Litauen		34.000
Belgien		43.000
Dänemark		5.600
Frankreich / Besetztes Gebiet		165.000
Unbesetztes Gebiet		700.000
Griechenland		69.600
Niederlande		160.800
Norwegen		1.300
B. Bulgarien		48.000
England		330.000
Finnland		2.300
Irland		4.000
Italien einschl. Sardinien		58.000
Albanien		200
Kroatien		40.000
Portugal		3.000
Rumänien einschl. Bessarabien		342.000
Schweden		8.000
Schweiz		18.000
Serbien		10.000
Slowakei		88.000
Spanien		6.000
Türkei (europ. Teil)		55.500
Ungarn		742.800
UdSSR		5.000.000
Ukraine	2.994.684	
Weißrußland ausschl. Bialystok	446.484	
Zusammen: über		11.000.000

ヴァンゼー会議の議事録

日本語版への序文

本書には、読者に、ヨーロッパのユダヤ人に対する大量虐殺の事実、事件のデータ、および動機を紹介する以上の意図はない。ますます細分化されているホロコースト研究はさらに進めねばならないが、簡潔に概略してみることは、事実をめぐる記述に先立つべきであろう。

近年のホロコースト研究で注目すべき動向の一つは、地域研究に集中している。特に旧ソ連領に多くの空白があったが、最近、ベラルーシ、ウクライナ、バルト諸国地域に関する先駆的な研究によってそのいくつかが埋められた。さらに研究の必要があるのは、一九四一～四二年のリトアニアやラトヴィアでのドイツ占領下の反ユダヤ政策に対して、パルチザン部隊によって従順かつ率先して行われた支援に関してである。この部隊は「補助警察官」や「援護隊」、あるいは警察大隊として、SS〔親衛隊〕出動部隊の指揮下に置かれ、監視と、特に「処刑」のために利用されたのである。占領者たちによる、現地人の持っているユダヤ人に対する敵意の利用は、今日に至るまで、かつての被占領地では現代史のタブーとみなされているテーマである。

ホロコースト研究の問題領域の一つは、ユダヤ人による抵抗運動である。ここでは、その道徳的主張と事実の学問的立証の可能性（どのくらいのユダヤ人がパルチザンとしてたたかったのか。どのような抵抗がなし遂げられたのか。それはどれほどのものだったのか）の双方が、他の論点でみられる以上に、激しく衝突している。ユダヤ人の抵抗運動を軽視することはありえない。しかし、まさに後世の者たちの優位な道徳的立場から、闘争精神の発露としてユダヤ人の抵抗全般を真実であるとすることは、ゲットーのユダヤ人評議会やユダヤ人幹事役に対して、移送や絶滅の過程でSSへの協力を強いられた者たちに対して、いとも簡単に判決を下すことでもあり、イデオロギーの主張やイデオロギーへの憧憬にとらわれないホロコースト研究に対して反対すると同様に、誤った結論に導くものである。

ユダヤ人評議会に関する論争はまだ終わりを見てはいない。単純さまたは責任感から、自己顕示欲または無私無欲から、ユダヤ人としてゲットーでの役割を果たしたすべての者たちの密告全体については——強制収容所で役割を果たしていた囚人は皆、ナチスの支持者や協力者であったという推測と同様に——本質的には克服されている。しかし「ウーチの王」ハイム・ルムコフスキ、ワルシャワ・ゲットーのユダヤ人長老アダム・チェルニャクフ、テレージエンシュタットでの割に合わない職務を順番に果たさなければならなかったヤーコプ・エーデルシュタイン、パウル・エプシュタイン、そしてベンヤミン・ムルメルシュタインの動機や行動要因は、彼らがユダヤ人の運命にとって理想的な性格を具えており、行動の余地や救済および生き残りの戦略に関して手がかりとなるモザイク画にはめ込む石のような役割を示しているので、依然として重要な研究対象である。

ホロコースト研究のもう一つの側面は、非合法の中で生き延びることについてである。非合法に生き延びることは、たいてい非ユダヤ人の協力者なくしては不可能だったのであり、仮にいたとしても極めて困難かつ危険であった。援助には多くの形態があり、時期や地域によって大きく異なっていた。国外逃亡への手助けは、最も早い段階のユダヤ人との連帯を証明するものであった。ナチスの支配が長期化すればするほど、特に占領地域では、ユダヤ人であることを隠すことが、偽りのアイデンティティを生み出したり、真のユダヤ人としてのアイデンティティの自覚を放棄しなかったり、またユダヤ人の命を救済するために危険な抵抗運動の立場に精力的にかかわるといった状況を生み出したのである。

自伝的な証言に取り組むことはホロコースト研究の重要な分野であることに変わりはない。

犠牲者の自伝的なテクストは、ありのままの体験報告や、説明不可能なことを説明しようと試みる、あまり有益でないものも含めて、文学的な質の高い作品群によって証言文学として一大ジャンルを形成しているが、それに対して、幹部から履行補助者まで、つまり最も広い意味で大量虐殺にかかわった協力者の側からのものは、当然ながらほとんどない。アウシュヴィッツ司令官ルードルフ・ヘスの手記は、ともかく類書をみない唯一のものである。

アイヒマンは犯行者の中では例外的に、書くことによる自己描写の衝動に何度も駆り立てられた。彼は回想録をすでに一九五〇年代に書いており、八〇年に評判のよくない極右系出版社から刊行された。俗物的な誇張が多い激しい調子で、彼は自分自身が命令の受け手であり、救い手になりそこねた者であることを描写した。それでも大量虐殺を否定しない狡猾さがあるようにみえた。二度目は、イスラエルに拘留中（一九六〇年六月付）に自伝的記録を書いた。これはまたしてもナチ人種政策の道具としての自己描写であり、誇張した調子で、荘重で、自己憐憫に満ちており、そして分別のないものであるが、彼が自己の世界を命令と服従によって正当化したからであった。アイヒマン神話はこの机上の犯行者よりも長く生きつづけた。アイヒマンが獄中で書き上げた一二〇〇頁の手書きの手記を公開するという二〇〇〇年夏のイスラエル国立文書館の決定は、期待外れのものであった。というのも三度目になるアイヒマン最後の回想録でも決定の過程には光が当てられておらず、今なお大量虐殺が投げかける謎は何一つ解明されず、何一つ秘密を明らかにしてはいないからである。

犯行者研究の部門でホロコースト研究の隣接分野が生まれた。そしてその関心は、迫害機構、つまり絶滅の官僚機構の構造（国家保安本部、SS経済・管理本部、SS兼警察指導者たちなどによって体現されているが）、迫害にかかわった職員の経歴、そしてイデオロギーの彼方にある大量虐殺の原動力に向けられている。歴史学や法学はこの分野で互いに刺激し合っている。他方、多くのドイツでの（そして外国での）法廷でナチスの暴力犯に対する数多くの審理がなかったならば、最初の事件であるニュルンベルク主要戦犯裁判からまもなく六〇年がたとうとする今日のような規模で、事実を詳しく知ることや詳細な知識を得ることはもちろん、記録されることもできなかったであろう。

ヨーロッパのユダヤ人に対する大量虐殺における動機、原動力、決定の過程を解明したいという欲求がいかに強いものであるかは、ダニエル・ゴールドハーゲンが提示した単純なモデルに関する論争が示した。事実を知りたい一般の人々が専門の学問に背を向け、この若いアメリカ人によって完全に演出された単一の原因に基づく解釈提示に魅了させられたのである。

社会科学からは大量虐殺を理論化できる解釈モデルの研究が興っているが、歴史的ホロコースト研究ではこれに対応することができない。なぜなら歴史的ホロコースト研究はまだ当分の間ユダヤ人虐殺の特異性、その前史、決定過程、ナチ支配のコンテクストの解明に携わるであろうと思われるからである。未来の人類の犯罪を予測し、防止しうるであろうジェノサイドの類型化が求められているが、これは歴史家が扱う事柄ではない。ホロコースト研究はいずれ比較ジェノサイド研究に統合されるであろう。この比較ジェノサイド研究は、二〇世紀のヘレロ族の虐殺で始まり、オスマン帝国でのアルメニア人虐殺を含め、さらに未曾有の破局——カンボジアやルアンダ、スーダンやその他の国々での——を視野に入れ、住民に対する国家的テロ——スターリン支配下のソ連のような——をテーマとし、必然的にジェノサイドやテロについての新たな定義に至るであろう。そしてこの定義は、ホロコーストの次元のいかなる歴史的犯罪の序列化、相対化、また周縁化を意味するものではないのである。

ヴォルフガング・ベンツ

ホロコーストを学びたい人のために　目次

凡例

一、本書は Wolfgang Benz : *Der Holocaust*, München 1995 の全訳である。

一、翻訳の底本には初版を用いたが、版を重ねるごとに追加がなされている「出典と参考文献」については最新の第五版に依拠した。

一、訳出にあたっては主として Wolfgang Benz (Hrsg.) : *Lexikon des Holocaust*, München 2002 を参照した。

一、地名、人名等の固有名詞の発音表記については主として Duden : *Das Aussprachewörterbuch, Wörterbuch der deutschen Standardaussprache*, 4., neu bearbeitete und aktualisierte Auflage, Mannheim 2000 を典拠とし、さらにその言語のネイティヴ・スピーカーに確認した。しかし、原語の発音とは異なっていてもすでに定着していると思われる場合には、ウォルター・ラカー編『ホロコースト大事典』（井上茂子ほか訳、柏書房、二〇〇三年）を準用した。

一、組織体の名称表記については、定着した訳語がない場合は、原文から直接訳出して用いた。なお、そのさい『世界歴史大系　ドイツ史3』（山川出版社、一九九七年）およびウォルター・ラカー編『ホロコースト大事典』（柏書房、二〇〇三年）を参照した。

一、原著者による注記は（　）で、訳者による注記は〔　〕で示した。

一、読者の便宜を図るため、日本語版では「主な登場人物」「ドイツ国政府組織図」「ナチ党組織図」「SS組織図」「ホロコースト関連地図」「関連年表」を付した。

主な登場人物

アイヒマン、アードルフ（一九〇六～一九六二）　SS（親衛隊）中佐、第Ⅳ局B4課長（ユダヤ人担当部局）。ヴァンゼー会議に記録係として参加。三〇〇万人以上のユダヤ人に対する集団虐殺に組織的に加担した。アルゼンチンに逃亡。六〇年イスラエル諜報機関に逮捕、イスラエルへ連行され、裁判の結果、六二年六月一日に死刑が執行された。

ヴィルト、クリスティアン（一八八五～一九四四）　絶滅収容所監察官、ドイツ安楽死施設監督官、SS少佐。ラインハルト作戦のT4作戦（安楽死）に関与。四三年秋にパルチザン撲滅戦に参加。四四年五月二六日トリエステ近郊でパルチザンによって殺害されたといわれている。

エーデルシュタイン、ヤーコプ（一九〇三～一九四四）　プラハのユダヤ系諸団体の幹部、テレージエンシュタット・ゲットーのユダヤ人長老評議会議長。ゲスターポ同意の下、ボヘミア・モラヴィア保護領からユダヤ人の国外移住を促進させるために尽力した。四一年一二月からテレージエンシュタット・ゲットーの「ユダヤ人長老」となったが、四三年一二月一八日にアウシュヴィッツに送られ、そこで翌年六月二〇日に家族と共に殺害された。

エプシュタイン、パウル（一九〇一～一九四四）　社会学者、経済学者、マンハイム商科大学講師。四三年一月レオ・ベックと共にテレージエンシュタットへ送られた。そこでヤーコプ・エーデルシュタインの後を継いでユダヤ人長老評議会の議長となったが、四四年九月二七日に射殺された。ゲットー住民に行った演説がドイツ人の不興を買ったためといわれている。

グロボチュニク、オーディロ（一九〇四～一九四五）　ウィーン大管区指導者、SS中将。ヒムラーの命により「ハイドリヒ作戦」に関与。一七五万のユダヤ人を殺害。四五年五月三一日に英軍拘禁下で自殺した。

ゲッベルス、ヨーゼフ（一八九七～一九四五）　国民啓蒙兼宣伝相、ベルリン大管区指導者。デマと類い稀な政治的宣伝を演出してドイツ国民にナチズムを浸透させた。三八年一一月のユダヤ人ポグロムを準備し、その正当化を図った。四五年五月一日に妻子と共に自殺した。

ゲーリング、ヘルマン（一八九三～一九四六）　国会議長、国家元帥、四か年計画全権、ヒトラーの後継者。「ヨーロッパにおけるユダヤ人問題の全面解決」を準備するようハイドリヒに指示を出した。四六年一〇月一五日に自殺した。

ザイドル、ジークフリート（一九一一～一九四五）　テレージエンシュタット・ゲットーの司令官。ベルゲン＝ベルゼンを経て、ブダペストへ転属。そこでユダヤ人をハンガリーからアウシュヴィッツへ送る仕事に従事した。四六年一〇月ウィーン地方裁判所で死刑判決を受け、四七年二月ウィーンで絞首刑が執行された。

シュタングル、フランツ（一九〇八～一九七一）　トレブリンカ絶滅収容所司令官、ハルトハイム安楽死施設監督官、SS大尉。数十万人のユダヤ人、数千人のシンティとロマを殺害。T4作戦に関与。四三年八月にパルチザン撲滅戦に参加。戦後国外逃亡。六七年ブラジルから西ドイツへ身柄が引き渡され、七〇年一二月二二日にデュッセルドルフ地方裁判所で終身刑を宣告された。

シュトライヒャー、ユーリウス（一八八五～一九四六）　全フランケン地域大管区指導者、週刊紙『デア・シュテュルマー』の発行人。過激な反ユダヤ的言動で、ニュルンベルク諸法の実現化に関与。四六年一〇月一六日に人類に対する犯罪のためニュルンベルクで絞首刑に処された。

チェルニャクフ、アダム（一八八〇～一九四二）　化学技術者、ワルシャワ市参事会員、ワルシャワ・ユダヤ人評議会議長。ドイツ官庁との協力のため、同時代のユダヤ人同胞や後の時代の歴史家たちから強い疑念の目を向けられている。四二年七月二三日、ユダヤ人、特に子供たちの移送に手を貸すことがないように、自ら命を断った。

ハイドリヒ、ラインハルト（一九〇四～一九四二）　国家保安本部長官、SS大将、ボヘミア・モラヴィア保護領総督代理。ゲーリングから「ユダヤ人問題の最終解決」の要請を受けて、ヴァンゼー会議を主催した。四二年五月二七日プラハで暗殺が企てられ、六月四日に死亡した。

ヒトラー、アードルフ（一八八九～一九四五）　ナチ党総裁、ドイツ国総統兼宰相、国防軍最高司令官。侵略戦争および人種絶滅戦争に失敗し、四五年四月三〇日にベルリンで自殺した。

ヒムラー、ハインリヒ（一九〇〇～一九四五）　SS全国指導者兼国家警察長官、内相、予備軍最高司令官。SSをテロ機構の実行部隊として、組織的にヨーロッパ・ユダヤ人の集団虐殺を行った。四五年五月二三日に自殺した。

フランク、ハンス（一九〇〇～一九四六）　無任相、ポーランド総督。ポーランド占領地域で行われた三〇〇万人以上のユダヤ人虐殺およびテロ行為に対して総督として決定的な責任があった。そのため戦争犯罪と人類に対する罪としてニュルンベルク国際軍事法廷で絞首刑の判決を受け、四六年一〇月一六日に刑が執行された。

ブローベル、パウル（一八九四～一九五一）　SS大佐、行動部隊C第4a特殊部隊長。キエフ近郊バビ・ヤールで指揮官として三万人のユダヤ人大量殺戮を実行した。さらに第一〇〇五特殊部隊長として大量殺人の証拠隠滅のために墓穴の除去と死体の消去作業を行った。五一年六月七日戦争犯罪と人類に対する罪のためランツベルクで絞首刑に処された。

ヘス、ルードルフ（一九〇〇～一九四七）　アウシュヴィッツ初代司令官、SS大尉。アウシュヴィッツでのいわゆるヘス作戦により四三万人のハンガリー・ユダヤ人殺害に関与。四七年四月一六日にアウシュヴィッツで絞首刑に処された。

ベック、レオ（一八七三～一九五六）　ラビ、宗教哲学者、ドイツ・ユダヤ人社会の指導的人物。

三三年ドイツ系ユダヤ人全国代表部議長に選ばれ、ユダヤ人の市民権を擁護しようと努めた。四三年一月テレージエンシュタットへ送られ、そこでユダヤ人長老評議会のメンバーとなった。四五年の解放後ロンドンに定住。

メンゲレ、ヨーゼフ（一九一一～一九七九）　SS収容所付医師、SS少佐。アウシュヴィッツ＝ビルケナウで勤務中に死の選択を実行したり、いわゆるジプシー収容所で悪名高い医学的人体実験を行った。そのため「アウシュヴィッツの死の天使」と呼ばれた。戦後南米へ逃亡。七九年二月七日ブラジルで浴槽事故のため死亡したと推定されている。

ルムコフスキ、モルデハイ・ハイム（一八七七～一九四四）　商人、ユダヤ民族主義者、ウーチ・ゲットーのユダヤ人評議会議長。ゲットーを独裁者的過酷さで統治した。四四年八月三〇日家族共々アウシュヴィッツへ送られ、そこで殺害された。

ローゼンベルク、アルフレート（一八九三～一九四六）　ナチ党第一の理論家（『二〇世紀の神話』の著者）、ヒトラーの外交顧問、東部占領地域相。戦時中占領した諸国から美術品を略奪し、ドイツに運んだ。四六年一〇月一六日に東部ヨーロッパでの犯罪行為のためニュルンベルクで絞首刑に処された。

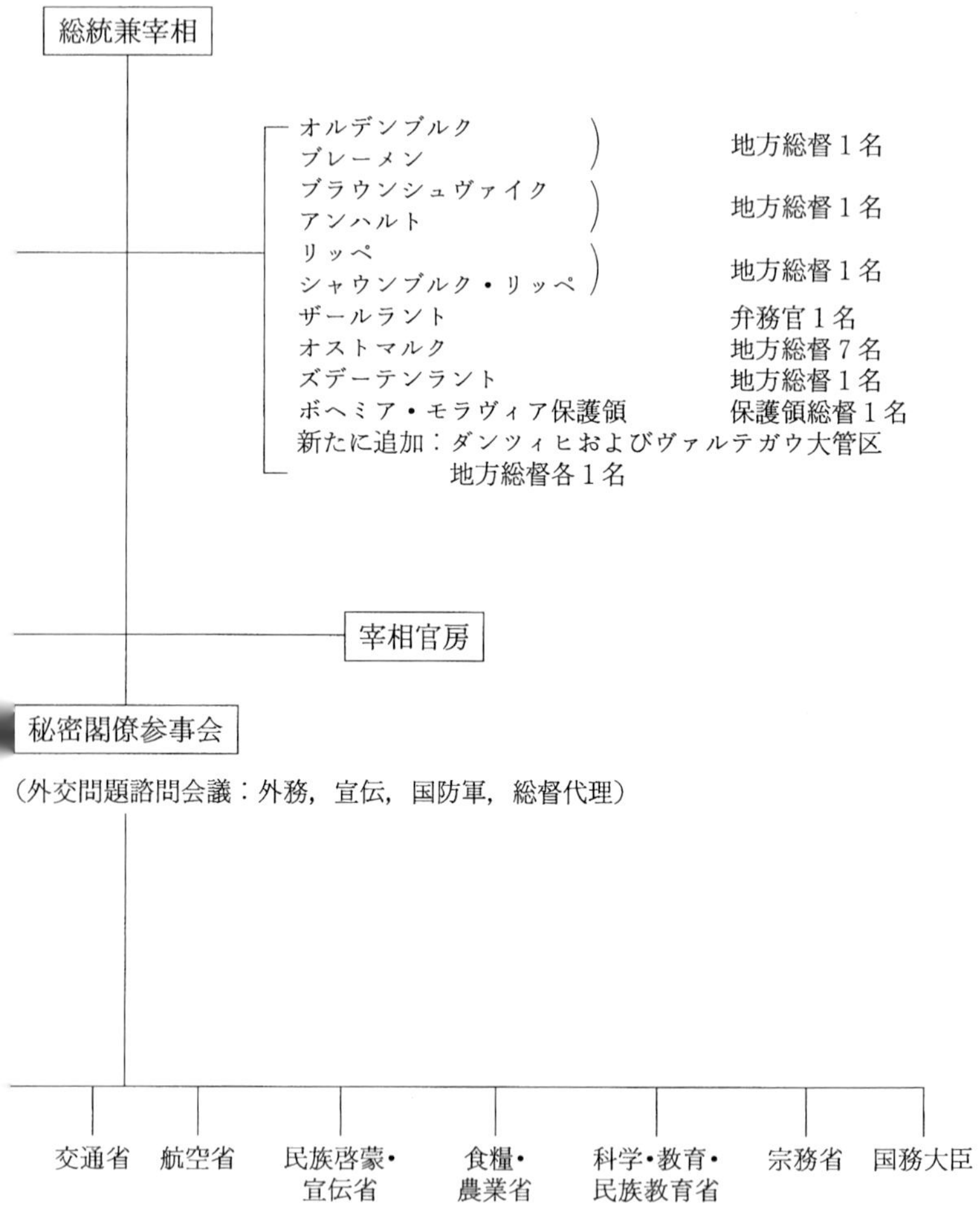
総統兼宰相
オルデンブルク
ブレーメン
地方総督１名
ブラウンシュヴァイク
アンハルト
地方総督１名
リッペ
シャウンブルク・リッペ
地方総督１名
ザールラント
弁務官１名
オストマルク
地方総督７名
ズデーテンラント
地方総督１名
ボヘミア・モラヴィア保護領
保護領総督１名
新たに追加：ダンツィヒおよびヴァルテガウ大管区
地方総督各１名
宰相官房
秘密閣僚参事会
（外交問題諮問会議：外務，宣伝，国防軍，総督代理）
交通省
航空省
民族啓蒙・宣伝省
食糧・農業省
科学・教育・民族教育省
宗務省
国務大臣

ünchen 1997 を参考に作成。

ドイツ国政府組織図（1940 年当時）

メクレンブルク	地方総督 1 名
ハンザ都市ハンブルク	地方総督 1 名
ヘッセン	地方総督 1 名
テューリンゲン	地方総督 1 名
バーデン	地方総督 1 名
ヴュルテンベルク	地方総督 1 名
ザクセン	地方総督 1 名
バイエルン	地方総督 1 名
プロイセン	地方総督 1 名：総統
(10 州に各 1 名の州知事)	権限はプロイセン首相に委任

大ドイツ国議会

大統領官房

任務：1939 年 1 月 30 日付の総統の言葉によると，
民族体の形成，共同体の形成，
真にナチ的な思想教育

862 名の議員：地域，部族，ないしは
特定の利益の議会代表者としてではなく
全ドイツ民族の代表者としての代理人

外務省　内務省　財務省　経済省　法務省　国防軍最高司令部(国防省)　労働省　郵政省

Wolfgang Benz, Hermann Graml, Hermann Weiß (Hg.): *Enzyklopädie des Nationalsozialism*

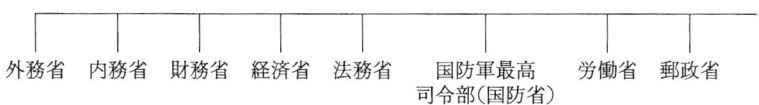

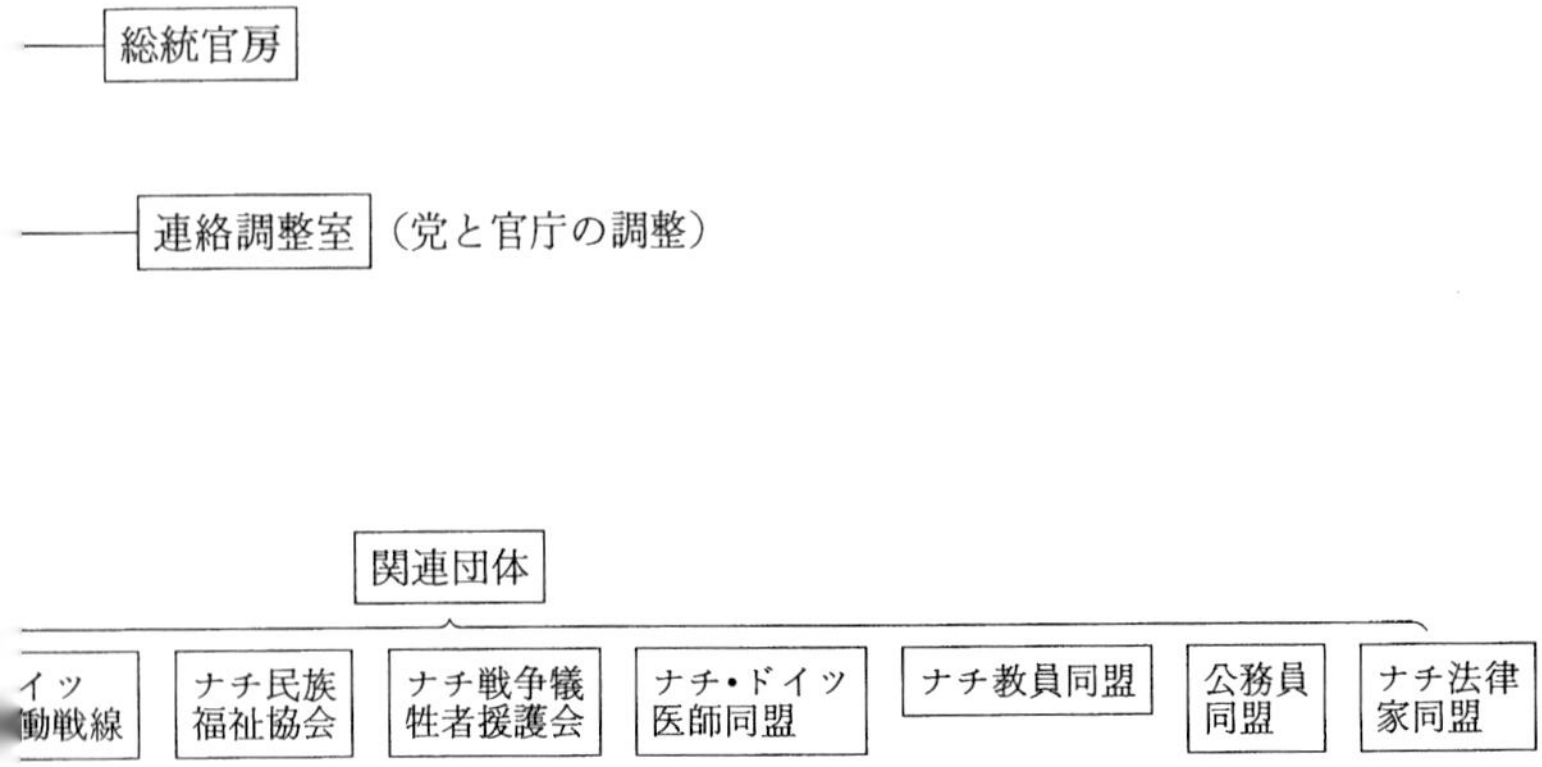
総統官房
連絡調整室（党と官庁の調整）
関連団体
イツ
働戦線
ナチ民族
福祉協会
ナチ戦争犠
牲者援護会
ナチ・ドイツ
医師同盟
ナチ教員同盟
公務員
同盟
ナチ法律
家同盟

参考に作成。

ナチ党組織図

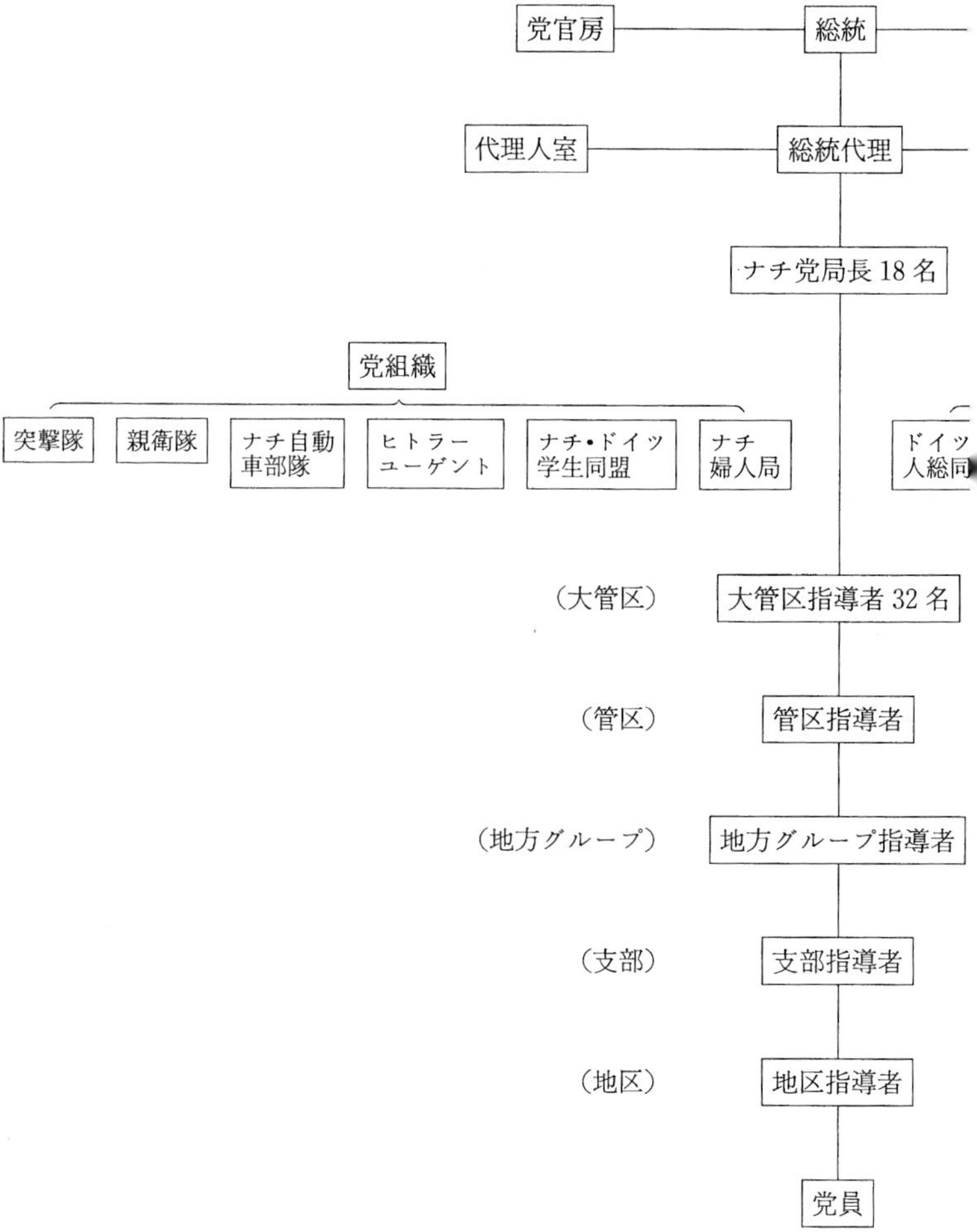

Ludwig Peters : *Volkslexikon Drittes Reich. Die Jahre 1933–1945 in Wort und Bild*, Tübingen 1

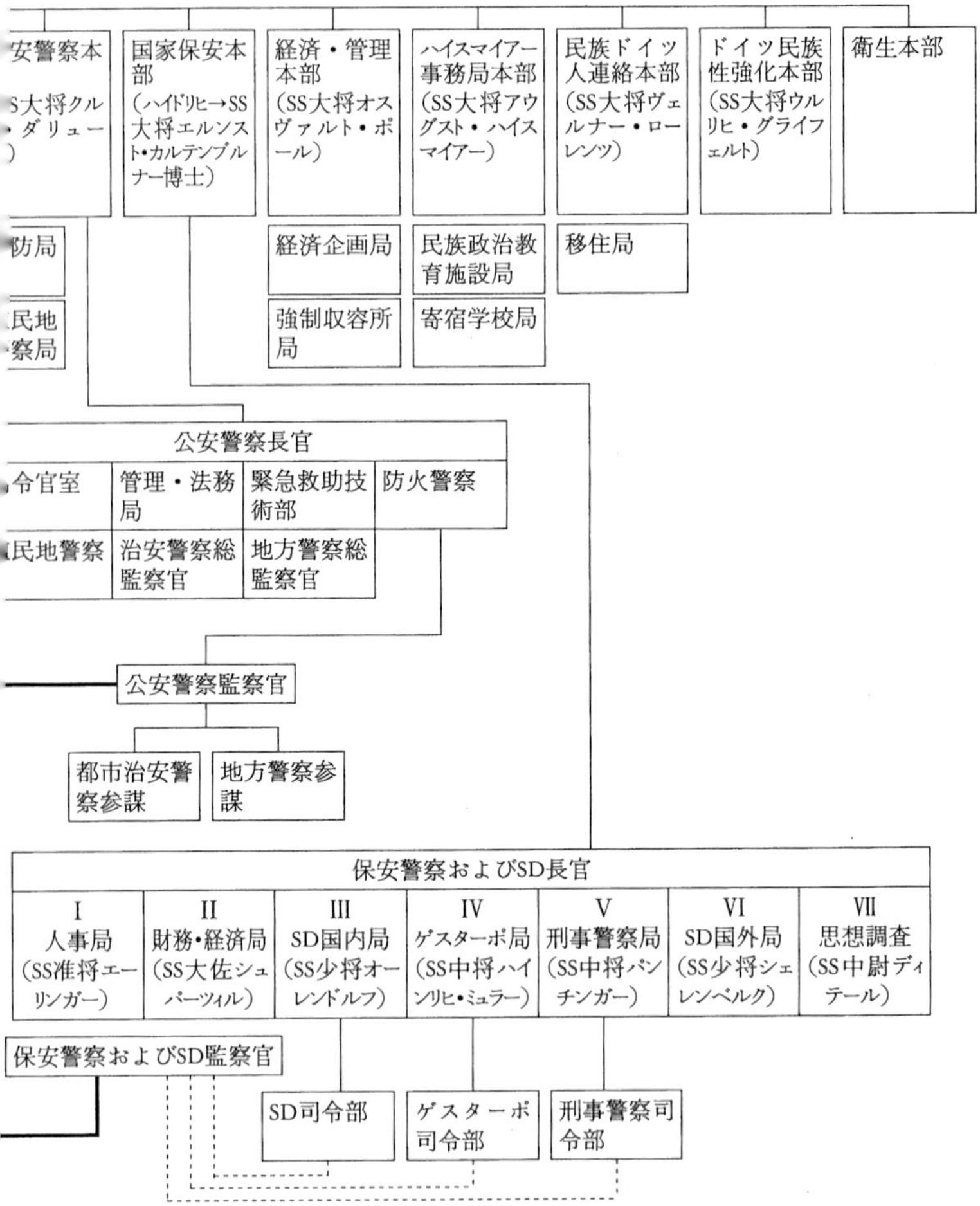

安警察本
S大将クル
・ダリュー
)
国家保安本部
(ハイドリヒ→SS大将エルンスト・カルテンブルナー博士)
経済・管理本部
(SS大将オスヴァルト・ポール)
ハイスマイアー事務局本部
(SS大将アウグスト・ハイスマイアー)
民族ドイツ人連絡本部
(SS大将ヴェルナー・ローレンツ)
ドイツ民族性強化本部
(SS大将ウルリヒ・グライフェルト)
衛生本部
防局
民地
察局
経済企画局
強制収容所局
民族政治教育施設局
寄宿学校局
移住局
公安警察長官
令官室
管理・法務局
緊急救助技術部
防火警察
民地警察
治安警察総監察官
地方警察総監察官
公安警察監察官
都市治安警察参謀
地方警察参謀
保安警察およびSD長官
I 人事局 (SS准将エーリンガー)
II 財務・経済局 (SS大佐シュパーツィル)
III SD国内局 (SS少将オーレンドルフ)
IV ゲスターポ局 (SS中将ハインリヒ・ミュラー)
V 刑事警察局 (SS中将パンチンガー)
VI SD国外局 (SS少将シェレンベルク)
VII 思想調査 (SS中尉ディテール)
保安警察およびSD監察官
SD司令部
ゲスターポ司令部
刑事警察司令部

参考に作成。

SS組織図

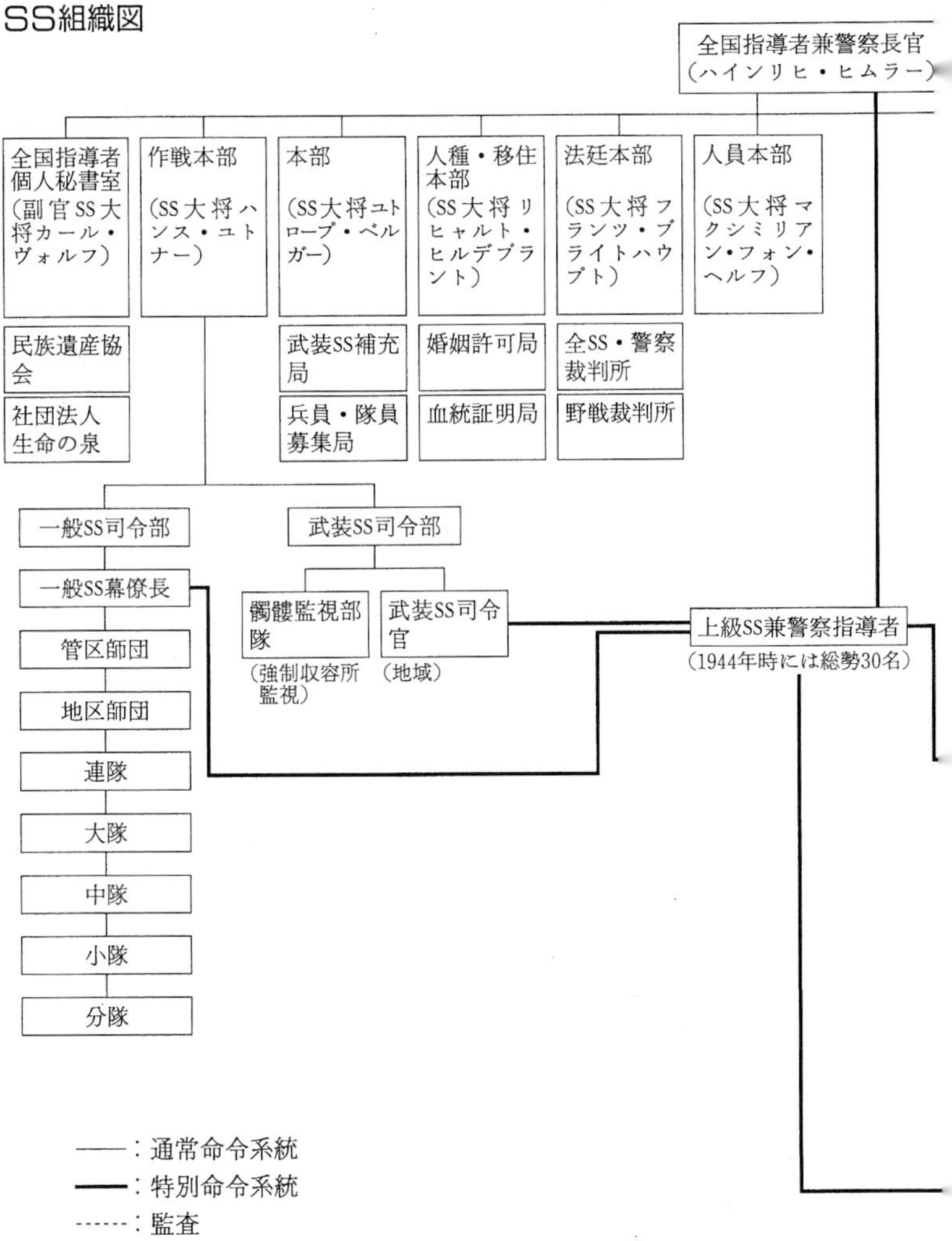

Ludwig Peters : *Volkslexikon Drittes Reich. Die Jahre 1933–1945 in Wort und Bild*, Tübingen 19

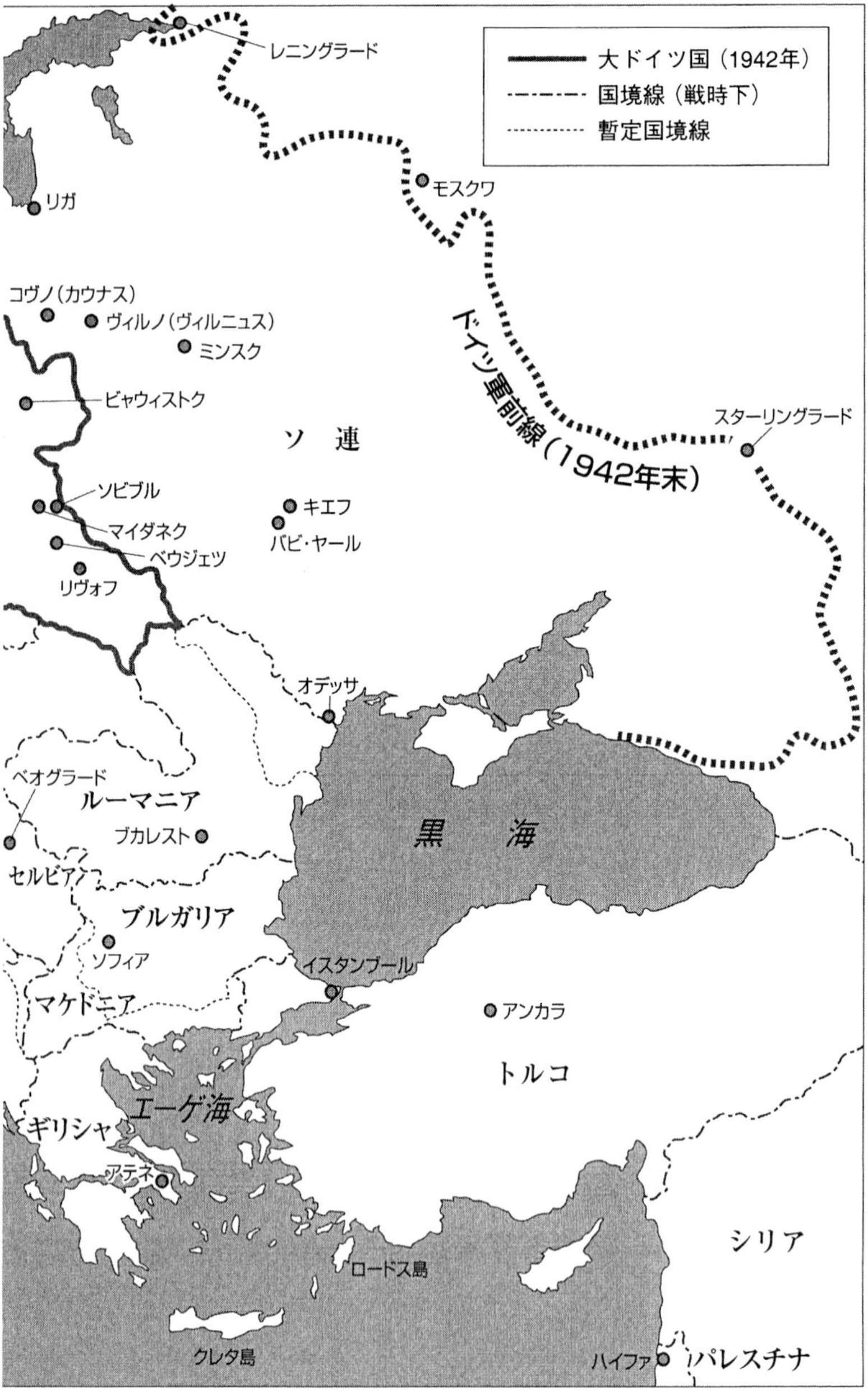

大ドイツ国（1942年）
国境線（戦時下）
暫定国境線
レニングラード
モスクワ
リガ
コヴノ（カウナス）
ヴィルノ（ヴィルニュス）
ミンスク
ビャウィストク
ソ連
ドイツ軍前線（1942年末）
スターリングラード
ソビブル
マイダネク
ベウジェツ
リヴォフ
キエフ
バビ・ヤール
オデッサ
ベオグラード
ルーマニア
ブカレスト
セルビア
黒海
ブルガリア
ソフィア
イスタンブール
アンカラ
マケドニア
トルコ
エーゲ海
ギリシャ
アテネ
ロードス島
シリア
クレタ島
ハイファ
パレスチナ

（出典）Martin Gilbert：*The Holocaust. The Jewish Tragedy*, London 1986.

ホロコーストを学びたい人のために

1　朝食付きの討議――一九四二年一月二〇日のヴァンゼー会議

ヴァンゼー会議の出席者

「アム・グローセン・ヴァンゼー」という名の閑静な高級住宅街は、ベルリンの最も上品な場所の一つである。「ノルトハーフ財団」は一九三〇年代の終わりにここの五六―五八番地の家屋敷を手に入れた。この屋敷はSS〔親衛隊〕の保安部の協力者とその家族のための保養所として使われることになっていた。財団の設立者で、その長はラインハルト・ハイドリヒであった。ナチ国家の警察および秘密情報部門の中央機関である国家保安本部の長官である彼は、政権の最重要人物の一人であり、ほとんどの諸大臣よりも重要な立場にあった。つまり彼が指示を受けたのは、ヒトラーを別とすれば、国家ナンバー2のゲーリングと直属の上司であるSS全国指導者ハインリヒ・ヒムラーからのみであった。

アム・グローセン・ヴァンゼーのこの家で、「ヨーロッパにおけるユダヤ人問題の全面解決」の諸問題に関する「共同討議」を開催するため、ハイドリヒは一九四一年一一月二九日、何人かの高級幹部に招待状を送っていた。この会議は本来一二月九日に開催される予定であったが、（「突如諸事件の公表があり、この件で招待を受けた者の一部が多忙となり」）急遽取りやめとなった。

一九四二年一月二〇日、ハイドリヒは改めて同じ参加者グループを「朝食付きの討議」に招いた。議事日程には——言うまでもなく官僚的な言い回しや但し書きにくるまれて——人類史上極めて稀で途方もない犯罪、すなわちユダヤ人の大量虐殺が入っていた。そのために、四二年一月二〇日正午の会合はその後何度も誤解され、「最終解決」——この大量虐殺——が決定された誘因としてみなされている。これは正しくない。外から見るとこのような劇的なことはヴァンゼー会議には欠けていたし、ユダヤ人大量殺戮の悲劇はすでに以前から現実のものとなっていた。そのうえ、数百万の人間の根絶を取り決めることは、討議参加者の権限を著しく超えるものだったであろう。それにもかかわらず、公式には「次官討議」と称し、「ヴァンゼー会議」として歴史書に出てくるこの会議の記録は、現代史にとって重要な記録文書である。招かれたのは、ナチ国家の官僚機構の中で執行権を持つ一三名の紳士たちで、次官級の者と高級将校であったが、大まかに言えば指導階層の第三位のレベルを形成している者たちであった。

この会議を意のままに主導したハイドリヒと、議事録に権限を持つユダヤ人部局責任者アードルフ・アイヒマン、そして最後に氏名不詳の女性速記タイピストを加えて一六名が集まった。

この役人たちは内務省、法務省、東部占領地域省、内閣官房、ナチ党官房、外務省、四か年計画全権、在クラクフ総督の代表であった。SS将校たちは、ドイツ国および東部占領地域における抑圧機構（ゲスターポ〔ゲシュタポ〕、保安警察およびSD〔保安部〕）のメンバーとして招かれていた。人目を引いたのは、ユダヤ人移送に関して重要な部門である運輸省やドイツ国有鉄道《ライヒスバーン》、ならびにユダヤ人の財産を略奪する任務を負う最高機関であった財務省からは代表が出席していないことであった。国防軍も同様に出席していなかった。しかし、これらの部局がもはや出席している必要はまったくなかった。なぜなら、これらの部局との協力はすでに円滑に進んでいたからである。つまり開戦以来、国防軍とSS行動部隊《アインザッツグルッペン》は東部でのユダヤ人虐殺で協力していた。行動部隊は、この紳士方がアム・グローセン・ヴァンゼーで協議していた時には、すでにその任務に従事していたのである。

討議の雰囲気

ベルリンの屋敷での討議の対象は、抽象的な統計学のレベルにとどまっていた。そのためラインハルト・ハイドリヒが、最終的解決策を見いださなければならない問題——すなわちユダヤ人問題——を意味するヨーロッパ全土に分散している計「一一〇〇万以上」を口にした時も、それを聞いていた者たちには、おそらく生身の人間のことなど思いも浮かばなかったであろう。ヴァンゼーの屋敷にいた役人や将校たちは、個々の人間のこと、つまり最もつらい屈辱や苦しみにさらされ、死の瞬間に神や人間に絶望していたに違いない人々のことなど、考えてもいなかったのは確かである。

会議の席にいた紳士たちは気分が高揚し、生き生きと喜びに満ち、興奮した面持ちでハイドリヒの説明に聞き入り、いくつかの提案をし、上機嫌であった。ハイドリヒの書記で世話役のアードルフ・アイヒマンは、このことを二〇年後にはっきりと認めた。「ここでは一同が喜び賛同し、さらにまったく予期しないこと、つまりユダヤ人問題の最終解決の要求に関して期待をはるかに上回ることが確認できたのです」。一同が会議を終え、朝食をとり、帰った後も、よい雰囲気は続いていた。ハイドリヒはゲスターポ長官ミュラー、担当課長アイヒマンと共に満足した気分で残っていた。彼らは一緒に座ってコニャックを飲み、そしてその際ハイドリヒは、議事録を手にしたいという指示を出した。

次官討議はそれほど長くは続かなかった。おそらく一時間か二時間で、それ以上長くなかったのは確かである（正確な記録はどこにも残されていないが）。そして何の異議も、いかなる意見の対立もまったくなかった。劇的な対立が、ヨーロッパのユダヤ人の運命をめぐる官僚とSS将校との闘争が、よもや期待できたとでも言うのであろうか。アイヒマンは一九六〇年春にイェルサレムで尋問を受けた際、仕事をなし終えた後の雰囲気を述べた時に、このことを示唆しようとしたのだろうか。「その時の雰囲気は、くつろいで満足げなハイドリヒの態度にはっきりと表れていました。ハイドリヒがこの会議で最大級の障害を予想していたのは間違いありませんでした」。

アイヒマンの役割

アイヒマンは一九〇六年生まれで、ユダヤ人殺害に関与した官僚機構の重要人物の一人であった。彼は三二年からナチ党とSSのメンバーであり、三四年からはヒムラーが統括する保安部のユダヤ人問題担当官として、三八年八月に「ユダヤ人国外移住本部」をウィーンに、三九年一〇月には「ユダヤ人国外移住全国本部」をベルリンに組織した。この職務に携わる中で、彼はユダヤ人追放と移送の経験を積み、四一年にはこの問題に関する最高の専門家となっていた。

国家保安本部第Ⅳ局Ｂ４課（ユダヤ人問題および掃討作戦担当）課長であったＳＳ中佐アイヒマンは、イスラエルでの尋問の際、自分が機構の中でいかに小さな歯車にすぎなかったか、隅の記録机に向かって上官が語ることに耳を傾けていただけの、いかに下っ端の鞄持ちにすぎなかったかということを、飽くことなく主張しつづけた。しかしまた、陸軍中佐の位に相当する、警察全国本部ユダヤ人部局責任者であったアイヒマンは、討議はまさしく明け透けな言葉で行われたということも伝えていた。彼は議事録に磨きをかけ、「ある種の行きすぎ」、すなわちある種の「特殊用語」を和らげ、「官僚用語」で表現しなければならなかったというのである。

議事録の該当箇所はそれにもかかわらず、少なくともＳＳ国家の言語に精通している者には誰しも、まだ平文であるように読める。ヴァンゼー湖畔のゲストハウスで行われた次官討議の議事録には、一一〇〇万のユダヤ人に下された運命がはっきりと予告されている。中心箇所にはこう書いてある。「適切な指導の下、目下最終解決が進行する過程でユダヤ人は適切な方法で東部での労働に投入されるべきである。大きな労働班を組み、男女別に分けられ、労働能力のあるユダヤ人は道路建設に従事しながらこれらの地域に連行される。そしてその過程で疑いなく大部分は自然衰弱によって脱落するだろう。並外れて強く最後まで残った者は、疑いなく最も抵抗力のあることが問題なので、それ相応に扱われねばならないだろう。この者たちは、自然淘汰を具現していて、釈放された場合には新たなユダヤ人を生み出す生殖細胞になると考えなければならないからである」。

ハイドリヒの意図

ヨーロッパ全土のすべてのユダヤ人を完全に根絶することは、それゆえ、とうに決定済みの事項として知らされていたので、少なくとも討議参加者の半数には、どのように大量虐殺が行われるのか、あるいは今後行われることになっているのかについて、非常に具体的なイメージがあった。当然のことながら、彼らは殴殺、ガス殺、銃殺といった語彙を使う必要はなかった(彼らはどのみちユダヤ人の意図的な根絶を殺人とは思っていなかった)。彼らは実に教養のある、育ちの良い人々であり、少なくとも地位と身分のある男たちで、国務を果たすために集まっていたのであった。いずれにせよ彼らは、「強制移住」「最終解決」「特別処置」「強制立ち退き」という言葉が意味することを、正確にわかっていたのである。

ハイドリヒは会議の冒頭で、「この敵に対してこれまで行われてきた闘争」について概観した。その目的は「合法的手段でドイツ人の生活圏からユダヤ人を一掃すること」というものであった。しかし、よりよい解決の可能性がなかったため、ユダヤ人の国外移住が強行され、しかもユダヤ人自らの負担で行われた。そうこうするうちにSS全国指導者〔ヒムラー〕は「東部の可能性を考慮して」ユダヤ人の国外移住を禁止した、というものであった。国家行為の説明の際に責任ある立場の高官が口にする、「合法的」という内情を暴露してしまうようなこの一言が何を意味するかを、会議の席上では誰一人として問いたださなかった。事実、法務次官ローラント・フライスラーさえ問いただささなかったのである。

話題になったことや意図されたことを、外務省代表マルティーン・ルター次官補も正確に把握していた。彼の役所はその時、クロアチアとスロヴァキア、ルーマニア、ハンガリーそしてブルガリアといったドイツに従属している国々の政府に、その領土にいるユダヤ人を迫害し、東部へ追放するためドイツ側に引き渡すように、圧力を掛けていたからである。しかも一九四一年一〇月には外務省の一高官が、「現地公使館が国外追放の要請をした八〇〇〇人のユダヤ人煽動者の問題は現地ですぐ処理できないのかどうか」を確認するために、ベオグラードに飛んでいた。その処理はすでに動き出していた。四一年一〇月末にはベオグラード近郊で何千人ものセルビア系ユダヤ人と「ジプシー」が銃殺された。しかも国防軍によって、報復措置という名目で行われた。責任者である中尉は、その作戦行動について極めて詳細に報告した（「穴を掘ることに時間の大部分が費やされたが、射殺自体は非常に速やかに進行し、四〇分当たり一〇〇人のペースで行われ」、また「ユダヤ人の銃殺はジプシーの銃殺よりも簡単である」)。世界は驚愕し、事実を望んでいたドイツ人たちもまた、ロンドンからのトーマス・マンのラジオ演説でそのことを知ることができたのである。

すでにヴァンゼー会議以前にハイドリヒは表明していたが、一月二〇日の会議の冒頭でも、「ヨーロッパのユダヤ人問題の最終解決」の権限は、地理的制限なしに独占的かつ集中的にSS全国指導者ヒムラーないしはヒムラーの代理人である自分に委ねられていることを再度明確にした。ハイドリヒは、ゲーリングによって署名された一九四一年七月三一日付の全権委任の「任命書」(三九年一月に受け取った指示を修正、拡大したもの)を複写して、すべての招待状に同封した。この会議の主要目的は、この事実を所轄の国の上級関係機関に周知させ、ユダヤ人のいないヨーロッパという共に追求してきた目標を達成する際に生じる摩擦による損失を回避することであった。議事録でいわれているように、問題は「路線の比較対置」、つまり基本路線の確定であり、組織的かつ技術的な細部についてではなかった。これらについてはその後の会議で審議されることになっており、その時々の所轄部局内の権限で直ちに――たとえば移送に関する輸送問題などはドイツ国有鉄道によって――処理された。

ガス・トラックの導入

銃殺は非常に骨が折れ、費用がかさみ、射殺者の神経を参らせたため、所轄部署はすぐさまより耐えうる殺害方法を検討した。殺人者にとってより耐えうる方法をである。ヴァンゼー会議直前の一九四一年一二月には、そのため「ガス・トラック」〔移動式排気ガス殺人車〕が使われ始めていた。これによって短い走行で一度に六〇人の人間を殺すことができた。目撃者のある兵士は次のように述べている。「ガス・トラックが監獄の中庭へ乗りつけられ、ユダヤ人たちは、男も女も子供も、独房から直接それに乗り込まなければなりませんでした。私はガス・トラックの内部のことも知っています。内部はブリキ板が打ち付けられていて、木製の簀の子が敷かれていました。排気ガスが車内に引き込まれました。私は今日でもまだユダヤ人が車内で叩く音や『ドイツ人の皆さん、外に出して！』という叫び声が耳について離れないのです」。

ガス・トラックでの死は、ゆっくりとしてとても苦しいものであった。だが殺人者はこの方法にとても満足していた。「ガス・トラック監督官」は上級官庁にこう報告している。「一例を挙げると、一九四一年一二月以来、車両故障が発生することもなく、投入された三台のトラックで九万七〇〇〇人を処理した」。

「混血児」の定義

ヴァンゼーの屋敷では議論はほとんどなされなかった。メンバーは特に、ハイドリヒが発言したことに留意した。彼らが、これまでのユダヤ人迫害の概要と同様に、さらに意図された計画を多大な賛同をもって受け入れたことは、まったく疑う余地がない。発言の申し出はわずかであったが、ほとんど例外なく緊急を要するものであった。「最終解決」はできるだけポーランド領土内で、とりわけ総督領内で開始するように、クラクフから来たビューラー次官は要請した。「人種・移住本部」のSS中将ホーフマンは「混血児」の断種を広汎に行うべきであると論じた。それに対し内務次官シュトゥッカートは、強制断種によって混合婚ならびに混血児問題をきちんと解決すべきであるという要求をして、ホーフマンより優位に立った。「混血児」や混合婚によるユダヤ人配偶者を今後どのように取り扱うべきかという討議で、会議の参加者たちは新たな領域に入った。これまでこの種のグループの人たちは、いくつかの等級に分けられており、確かに差別はされていたが、生命に危険が及ぶことは（まだ）なかった。この状況がハイドリヒの説明の後に一変することとなった。討議されたのは、まさにユダヤ人排除のあらゆる「法的」根拠となった一九三五年のニュルンベルク諸法の拡大についてであった。

まさに意図されていたのは、「混合婚」という比較的保護された中で生きている者たちおよびその子孫も、いずれは「最終解決」に組み入れることであった。そのために、誰がユダヤ人で、誰がドイツ人かを認定すべき定義がさらに必要となった。ドイツ国内の何万もの人間とヨーロッパの何十万もの人間の生死にかかわることになるこの決定のために、ハイドリヒは「第一級混血児」は基本的にユダヤ人に分類することを提言し、それに対して「第二級混血児」は一般的に「ドイツ人の血統」とみなすというものであった。

例外はあらかじめ考慮されており、「第一級混血児」の場合は、特別な功績があればドイツ人と同等の立場になりうるというものであった。条件はもちろん「自発的な断種」であった。それに対して「第二級混血児」の場合には、「人種的に特に好ましからざる外見的特徴」がある者はユダヤ人として取り扱われる——すなわち移送され、殺害される——ということであった。

確かに「混血児」に関する討議は直接的な結果をもたらさなかったが、しかしこの討議は、計画的かつ冷血に、官僚主義的かつ打算的に、捕らえたすべてのユダヤ人を殺害しようとする、ナチ政権の冷酷非情な断固たる姿勢を示していた。このような意図によって、ヴァンゼー会議は全体として歴史的な状況証拠となっているのである。

絶滅計画の実行

ガス・トラックは殺人部隊員の神経を保護はしたが、その能力が低すぎたため、大量殺戮にはより効果的な方法が必要となった。それらの方法は、一九四一年九月からアウシュヴィッツ強制収容所で試されていた。ツィクロンB、これはもともと殺菌消毒剤として開発され、使用されていたものだが、恐ろしい殺人の道具となった。簡単に、しかも殺人者の身に危険が及ぶことなく珪藻土との吸着から遊離させることのできる、青酸を含んだ極めて効果的なガスが、「安楽死」作戦で障害者の殺害に初めて使用された。

一九四一年一〇月からドイツ国有鉄道の移送列車が動きはじめており、その目的地はまずウーチやリガのゲットー、ついでテレージエンシュタットや東部にある死の収容所へ至る途中の中継基地などであり、そこではヴァンゼー会議で提案された計画がかなりの部分実現された。六〇〇万（これ以下ということはなく、むしろこれ以上）のユダヤ人が「ユダヤ人問題の最終解決の過程で」殺された。つまり三九年から四一年までにポーランド、ソヴィエト、ユーゴスラヴィアの占領中にほぼ公然と行われた大量殺戮で、さらには四一年末から四四年末までに徐々に完成度を高めながら特別に建設されたヘウムノ（クルムホーフ）、アウシュヴィッツ＝ビルケナウ、ベウジェツ、ソビブル、トレブリンカ、ルブリン＝マイダネク絶滅収容所で、殺されていったのである。

いったい何が――もし何も決定されなかったのならば、もしその出来事がホロコーストの始まりでなかったのならば――アム・グローセン・ヴァンゼー五六―五八番地で一九四二年一月二〇日に起きたのであろうか。制服や平服のお偉方は一一〇〇万の人間の計画的殺害に留意し、犠牲者の対象範囲を拡大する可能性について討議した。彼らは官僚や党幹部として、彼らのうちで最もランクの高い者の招きに応じ、自らの義務に忠実に従って行動したのであった。

紳士たちは「大量虐殺」という案件を行政行為として取り扱った。多忙であったため、何に参加したのか、彼らもじきに忘れてしまった。一九四七年、全三〇部あった議事録文書の一つが出てきた時、当時消息をつかまれていたヴァンゼー会議の参加者たちは尋問された。この尋問は、まだ時機を逸しないうちに国外移住することができたユダヤ人で、かつてのプロイセン官吏の責任によってなされた。当時、アメリカへ帰化していたロバート・ケンプナーは、ニュルンベルク軍事法廷で検察側のために働いていた。ヴァンゼー会議では四か年計画庁の代表であったノイマン元次官は、その会議への自らの参加を否定した。彼の同僚で、殺人目的のユダヤ人迫害全体については何一つ知らなかったと主張した（「強制移住」しか問題にならなかったのだという）党官房のクロプファーと同様に、ノイマンはそもそも職務上ユダヤ人問題に一切関係する必要はなかったと逃げた。しかしケンプナーは、ただ一人ノイマンが四二年一月二〇日にユダヤ人に有利になるようなことを発言した、と指摘した。それは、軍需産業上重要な強制労働者の追放は、その代わりとなる者が見つかった場合に、ノイマンの意向に沿って初めて行われるべきである、というものであった。

2　ドイツ系ユダヤ人とナチズム――自己理解と脅威

ユダヤ人のイメージ

ナチスが政権を掌握した時点のドイツ国内には、ユダヤ人であると自認し、宗教的少数派（全人口の〇・七五％）であると了解していた人々がおよそ五〇万人ほど暮らしていた。このマイノリティの特徴として、彼らが二、三の職業、特に商業分野（不動産業者や金融業者を含む）、医師や弁護士といった職業集団、芸術や文化産業といった職業で不釣り合いなほど大きな割合を占めていることがしばしばあった。これには遠い過去に遡る社会的、政治的理由があり、それにはユダヤ人自身もごくわずかながら責任があった。解放の時代に形式的には、ユダヤ人にドイツ市民と同等の権利を認めたことにはなっていた。しかしそれ以上に、長い間根強い社会的差別を背負ってきたユダヤ人への伝統的な敵意は、何が原因で、どのような作用を及ぼしてきたかについて、考慮されることは当然なかった。同様に反ユダヤ主義者たちにとっても、文化的、宗教的少数派であるユダヤ人がドイツで実際にどのように暮らしているのかはあまり重要ではなく、彼らにとっては、ドイツ的なるもののすべてに敵意を抱き、暴利を貪る、悪徳商法三昧の異様な寄生生物の群れという、政治的道具として利用可能な歪曲されたイメージだけが重要であった。

ナチ・プロパガンダにおけるこのような意識的なカリカチュア、あるいは意図的な誤解に基づくユダヤ的なるものの具体化以上に質が悪いのは、言うまでもなく陰謀説である。これは社会的妬みの上に形成されたものであり、恵まれた地位にあるユダヤ人――決して大多数存在するわけではないが――に端を発していたが、「ドイツ人」に対して「世界ユダヤ主義」の「陰謀」をなすりつける結果となったのである。これは一九二三年のインフレーションという、先行きの見えない経済破局の諸原因を単純に説明するモデルとなったため、特に小市民階級や没落した中産階級の間では有効であった。ミュンヘンの国王広場で三三年四月一日に挙行が決定されていた、ユダヤ人商店や企業に対するボイコット前夜の大衆デモへの呼びかけには、このようにあった。ユダヤ人は「果敢にもドイツ民族に宣戦布告をした。ユダヤ人は手中にある報道機関の助けを借りて再び国民国家になったドイツに対して大デマ・キャンペーンを全世界中で推し進めている」。

これと比較すれば、幼稚とは言わないまでも誤ったもう一つの非難は、ユダヤ人は二重の忠誠心で、つまりまずユダヤ人として、ついでドイツ人として暮らしているという、ドイツ系ユダヤ人の巧みさに向けられたものであった。同様に誤っているのは、ドイツのユダヤ少数民族は、同質の信念をもち、同一の行動様式をし、ナチ・プロパガンダの中に表れる威嚇に対して同じ様な反応をする、社会学的、文化的、政治的、精神的に閉鎖された集団である、という主張であった。

反ユダヤ主義の公式化

「国民的高揚」とともに、一九三三年初頭には反ユダヤ主義が最悪の形で公式に支配的な教義となった。反ユダヤ主義は新支配体制の強化のために利用され、ドイツにいるユダヤ少数民族の道徳的信用失墜、社会的中傷、法的差別のために計画的に用いられた。ヒトラーの政権掌握後最初の数週間で、ドイツ系ユダヤ人の市民権や経済的基盤がナチズムによって破壊されることになるとは、そしてこれ以上悪い事態になるとは、教養あるドイツ系ユダヤ人にはまったく考えられないことであった。

数週間にわたりユダヤ人は不吉な予感を抱いてきたが、ナチ党によって一九三三年三月末に告知され、四月一日に実施されたボイコット運動によって、初めて深い衝撃を受けた。そして彼らは、ナチ党員がいつもの反ユダヤ主義運動の熱弁だけにはとどまっていないだろうという、最初の予兆を感じた。これが現実のものにならないようにとユダヤ人は望んでいた。しかしナチ党は外国のユダヤ系報道機関（ドイツのユダヤ系組織はそれとはかなり距離を置いていたのだが）による「恐怖のプロパガンダ」を口実とし、ユダヤ人や、同時に特に反ユダヤ主義の立場をとっていない多数の非ユダヤ系の人々に対して、将来におけるユダヤ人政策の公式な基本路線を示したのであった。

三月末にユダヤ人公務員によって作成された抗議や異議申し立ては、「我々ドイツ系ユダヤ人に対してなされている言語道断な告発」の断固たる拒絶、ヒトラー政権のユダヤ人政策に関する報道によってヒトラー政権に口実のきっかけを与えた外国報道機関との明白な隔たり、そして礼儀や道理をわきまえてほしいという訴えなどが入り交じったものであった。宰相官房までも含めたあらゆるレベルの政府機関に送達されたり、ユダヤ系新聞で公表されたりしたこれらの文書のいずれにも、第一次世界大戦における一万二〇〇〇人のユダヤ人犠牲者への言及があった。「ユダヤ人前線兵士全国同盟」は、第一次世界大戦後に結成され、国民意識を強調して登場した。一九三三年八月にその同盟機関誌『デア・シルト〔盾〕』の特別号で、ドイツ系ユダヤ人はドイツ国でドイツ人と同等の権利を有する市民として生きる権利を宣言した。また三三年一〇月には同盟の基本的な態度を表明するものとして、国際連盟からのドイツ脱退に対して愛国的な賛同メッセージを掲載した。

シオニズムの高揚

ドイツにおいてユダヤ人の生活基盤が失われたという認識は、三三年の春にはまだそれほど広まってはいなかった。ボイコット運動のショックは、当然シオニストの威信を高めた。すなわちシオニストは――ナチ政権が過激な態度をとればとるほど、ドイツでのユダヤ人の状況が危険を孕んだものになればなるほど、ドイツのユダヤ人にとって説得力はますます大きくなったのだが――自らのプロパガンダによってユダヤ人としての自覚を強め、パレスチナの土地に固有の国家を建設するために、かなり以前から正しい道を歩んできたという根拠にできたからである。ユダヤ主義の刷新を訴える『ユーディシェ・ルントシャウ〔ユダヤ展望〕』の社説は、その後も非シオニストに道徳的支柱を与えた。「ユダヤ主義に賛同」というタイトルの下に確認されたのは、ユダヤ人の連帯感がより強まった、ということであった。少し前まではまだお互い気にもとめず、無関心で素通りしていたユダヤ人たちは、互いに親しくなったというのである。「ユダヤ人のことを、運命を共にする同志として、兄弟として感じる。ユダヤの人たちは再びお互いに話し合うことができる」。このことによって、ドイツの「ユダヤ人」が世界観的かつ政治的に閉鎖的な住民集団を形成していたであろうという仮定に導いてはならない。逆に、「ドイツ・シオニスト連合」の支持者に対して――数のうえでは彼らはたいしたことはなかったが――、同化を考えている者たちの利益代表、つまり会員数の多い「ユダヤ教ドイツ国民中央協会」によって、集団の孤立化や「ゲットーへの逆戻り」を促進するものとして、非難がなされた。

さらに宗教的な対立が、（少数の）正統派ユダヤ教徒、保守派ユダヤ教徒、宗教的に自由なユダヤ人の間に存在した。大多数を形成したのは無関心層で、多くのキリスト教徒と同様に、いくつかの形式的慣習に固執し、大祝日を守ってはいたが、他の点で彼らの日常はもはや宗教に左右されることはなかった。

外部からの脅威によって、さらにさまざまな政治路線の統一が強いられた。その目的は、一九三三年の春以降、政治的にすべてのユダヤ人団体を代表し、文化的にユダヤ人としての自覚を強固にし、社会的分野で援助を必要としているすべてのユダヤ人に経済的支援を行うことになる、包括的組織連合の設立であった。三三年四月の「援助と再建のための中央委員会」の設立によって経済と社会の分野で活動が開始された。すべての主要なユダヤ人団体は代表を送っていた。中央協会、ドイツ・シオニスト連合、ユダヤ共同体プロイセン連合、ベルリン・ユダヤ共同体、ユダヤ婦人同盟、アグダス・イスロエル〔アグダト・イスラエル〕正統派地方協会などである。中央委員会の委員長を務めたのは有名なラビのレオ・ベックであり、方針を決定したのは三五年にパレスチナへ移住した書記長マックス・クロイツベルガー、三六年にドイツから国外追放されたザーロモン・アードラー＝ルーデル、そして三七年にアメリカへ亡命したフリードリヒ・ブロートニッツといった若者たちであった。レオ・ベックの後任であるパウル・エプシュタインは四四年テレージエンシュタットで殺された。中央委員会は、三八年ないし三九年まで存続したこの六年間に、ドイツ国内のユダヤ人共同体の財政援助によって、あらゆる生活領域にわたって印象に残るような自助活動を行っていた。またアメリカ合同分配委員会や英国中央基金のような外国の援助組織からも大規模な資金援助を受け、「ユダヤ人冬季救済事業」の募金収益からも支援されていた。

ユダヤ人の文化生活

ドイツのユダヤ人に対する経済的、社会的差別が進んでも仕事は十分にあった。そのため教育や訓練の分野はニュルンベルク諸法公布後、より重要な意味を持つようになった。なぜなら、ユダヤ人独自の学校活動によって、ユダヤ人共同社会とユダヤ人個人の意識ばかりか、同時に移住能力も、実践的な職業訓練やヘブライ語の授業によって高められたからである。移住の準備や移住の意思がある者への援助は当然重要な役割を果たした。職業再訓練への措置、すなわち、職場から追い出された者——たとえば公職から追放された者、報道機関の分野などで解雇された者、あるいは自由業で仕事がない者——が、その後の生計を確保するために必要な、手仕事などの知識や技能を身につけさせる教育も重要な役割を果たした。社会福祉事業や経済援助全般は、ユダヤ系ドイツ人がますます公的社会保障制度から締め出されていたため、「援助と再建のための中央委員会」が引き受けなければならず、折しもドイツ系ユダヤ人の急速な貧困化に直面した時期であった。貸付金庫、職業紹介、特殊な職業集団への経済援助、健康管理、老人介護、公共施設事業、戦争犠牲者救済などは、この組織の計画の中で最も重要なものであった。その働きは賞賛に値するものであり、日一日と危険が増していく環境の中で、自己主張する力と連帯感をはっきりと示していた。

同様に賞賛すべきは「ドイツ系ユダヤ人文化同盟」が一九三三年七月半ばから企てた、文化的、精神的生活における努力であった。この文化組織は、その中心人物であるクルト・ジンガー（医師、音楽家であり、三三年春までベルリン市立劇場の総監督）、若き演出家クルト・バウマン、音楽批評家ユーリウス・バープ、その他多くの者が献身的に活動していた時には、解雇されたユダヤ人音楽家、俳優、その他の芸術家に仕事や観客を提供し、支援するという、社会的機能もあった。しかしその自己理解によると、ドイツ系ユダヤ人文化同盟は（ユダヤ人がもはやドイツ系と名乗るのを禁じられた三五年から「ドイツ・ユダヤ人文化同盟全国連合」と称し、三八年から四一年まで「在独ユダヤ人文化同盟」の名称でまだ活動を行っていた）、ドイツ系ユダヤ人であることを自覚し、——少なくとも精神面で——ドイツ系ユダヤ人であることを自ら主張する宣言であった。文化同盟の短い歴史を通して、綱領をめぐる闘争が常にあったが、この組織はドイツに同化したユダヤ人の最も重要な砦でもあった。

文化同盟は会員組織であり、ドイツ系ユダヤ人がドイツの文化活動に協力や参加をすることが禁じられて以来、そこに所属することは、多くのドイツ系ユダヤ人にとって文化的共同体に何らかの形で参加する唯一の機会があることを意味した。当然その機会が与えられたのは、特にベルリンやドイツ国の大都市においてであった。さらに文化同盟はある種の文化的ゲットーであり、そこでユダヤ人は息抜きや慰めを求めていた。

ユダヤ人団体の統一

ドイツ系ユダヤ人が自己描写する際に直面する最も難しい問題は、必要に迫られ、しかもやむなく土壇場になって慌てて行われた、政治的、社会的、宗教的に非常に異なる組織、流派、集団の上に架かる共通の屋根の建設であった。諸同盟や諸組織の合併には、すでにヒトラーの権力掌握以前からドイツ系ユダヤ人は声を上げることができたとしても、さまざまな障害があった。正統派、リベラル派、保守派信徒間の宗教的対立ばかりか、「ユダヤ共同体プロイセン連合」の組織見解と衝突した南ドイツ各州の諸連合の連邦主義意識、大連合体が互いに絶えず激しく主張するさまざまな利害、つまりユダヤ教ドイツ国民中央協会とドイツ・シオニスト連合の利害、さらに多数の会員を擁するユダヤ人前線兵士全国同盟の特別な立場の利害があり、セクトやより小さなグループはまったく無視されていた。

一九三三年九月に統一が達成され、ベック会長は「ドイツ系ユダヤ人全国代表部」の綱領を発表した。彼は主として三つの課題、すなわち学校や職場でのユダヤ精神の教育、経済基盤の確立、そしてドイツ国外への移住の促進を考えていた。

一九四三年までドイツ系ユダヤ人全国代表部は（三五年からは「在独ユダヤ人全国代表部」とい

う名称に変更)、ドイツ系ユダヤ人の利益を代表した。しかし三八年一一月のポグロム以後はもはや自由選挙による団体ではなく、ナチスの支配機構によって指令を受けて設置された「在独ユダヤ人全国連合」であった。しかしまた、保安警察によって任命された指導部の中には、(レオ・ベック議長を含めて)三三年の統一の際にいた四名がとどまっていた。国外移住や逮捕によって会員数が激減し、ゲスターポの絶えることのない新たな嫌がらせによって不当に扱われながらも、全国連合は四三年六月一〇日まで活動した。この日、全国連合はゲスターポによって閉鎖され、最後の幹部らはテレージエンシュタットに送られ、その中にはレオ・ベックもいた。最終的に最も不当な扱いは、三五年以降ドイツ系ユダヤ人の代表がナチスのユダヤ人迫害の際に、行政の補助活動を強制されるといった乱用がなされたことである。ユダヤ人側の態度はナチスの措置を甘受していたわけではなかったが、主張や抵抗する機会はわずかで、これらは——非ユダヤ人によって連帯を支援する態勢も少なくなっていったため——時間の経過とともに絶えず減少していった。

3　ドイツにおけるユダヤ人の排斥と差別（一九三三〜一九三九年）

ユダヤ人排除の諸命令

すでに権力掌握二か月後の一九三三年四月には、ヒトラー政権は「職業公務員制度再建法」を公布した。この法律が意図していたのは、その名称が狙っているものとはまさに正反対のことであった。というのは、公職から政敵を罷免する口実として利用され、また全ユダヤ系公務員にも該当したからであった。さらに「アーリア条項」がそれ以後、条項通りに専門職団体や他のありとあらゆる組織にも適用されることになり、ユダヤ人はそれに関連して排除されたのであった。

同様に一九三三年四月の「ドイツ学校・大学定員超過防止法」によって、教育機関でのユダヤ人の割り当てが制限されたが、これは排除の前段階であった。三三年一〇月、ユダヤ人は

「編集者法」によって報道関係の職場から解雇された。三五年五月、すべてのユダヤ人は兵役から排除され、三五年九月には「ニュルンベルク諸法」が公布された。この中の最初の「ドイツ国公民法」は、ドイツ系ユダヤ人を二級の市民とし、もう一つの「ドイツ人の血と名誉を守る法」は、特にユダヤ人と非ユダヤ人との間の結婚を禁止した（婚外の性的関係はこの時から「人種恥辱」として弾劾され、厳罰に処された）。ニュルンベルク諸法はそれ自体十分ひどいものであったが、それ以後行われる差別行為の口実ともなった。特にドイツ国公民法は、おびただしい数の施行規則や実施命令とともに、ナチ統治の終焉まで少数民族ユダヤ人の権利を繰り返し新たに制限するのに利用された。

一九三六年三月以降、子供の多いユダヤ人家庭に対する補助金はすでに打ち切られており、三六年一〇月にはユダヤ人教師が非ユダヤ人に個人教授を行うことが禁止された。そのため該当者は公職禁止令後もまだ残っていた最後の収入源を失った。三七年四月以降、ユダヤ人はもはや大学で博士号を取得することが禁止された。三七年九月、すべてのユダヤ人医師は健康保険医の認定を取り消され、また三八年七月には開業医免許、すなわち医療行為の認可も取り消され、すぐさま弁護士や他の職業集団も同様の運命に見舞われた。

一九三八年四月末に、すべてのユダヤ人は自分の財産の申告を強制されていた。五月に公的受注の入札から締め出され、七月にはユダヤ人専用の特別な身分証明書が導入された。八月にはザーラ〔サラ〕ないしはイスラエールという名前を新たにつけ加えることを義務化する命令が出され、一〇月初めにはさらに烙印として「J」の赤い一文字がパスポートに押印された。一一月半ばからユダヤ人の子供たちはドイツの学校に通うことを禁止された。しかし、これらがすべての措置ということではなかった。市町村の入り口に、当地はユダヤ人お断り、と書かれた標識が立てられたり、公園のベンチには「アーリア人専用」と書かれたり、公営プールへの立ち入りを禁止されたりするなど、その他まだまだ数多くの嫌がらせが地方レベルでなされた。

ナチ政権になって五年半が経過した一九三八年秋、国家が計画し、実行した差別行為のため、ドイツ系ユダヤ人の生活条件は極端に悪化した。多くの者は事態がさらに悪化するとは考えなかったかもしれないが、「ユダヤ人問題の解決」という予告されていた脅しが実行されるであろうと信じて疑わない者もいた。しかし、すでにすべてが起きた後では、三八年一一月九日に突発したといわれている民衆の怒りが、自然発生的に起きたなどと信じる者は誰一人いなかった。

ポーランド政府のユダヤ人排斥

ナチ国家の歴史ではしばしばあることだが、付随的な誘因、つまりまったく副次的な事件が、取り返しのつかない結果を招くような展開の発端となった。一九三八年三月のオーストリア「併合」後、ポーランド政府は、五年以上帰国せず国外で暮らし、ポーランド国との関係を喪失した在外ポーランド人全員のパスポートの有効性を問題にした。ワルシャワでは三八年春、約二万人のポーランド国籍を持つユダヤ人の帰還が懸念された。彼らはずっと以前からオーストリアに在住していたが、できることならナチ政権下の生活を望んでいなかったのである。

当該のポーランドの法律は一九三八年三月三一日に効力を発したが、まだ適用されていなかった。秋になりようやく、「ミュンヘン協定」直後の一〇月一五日に、在外ポーランド人のパスポート審査を規定したポーランドの命令が出された。三八年一〇月三一日以降、領事館発行のパスポート、すなわち国外で発行されたすべての文書に、特別なメモ書きによる許可が領事館で得られていた場合に限り、ポーランドへの入国が認められることになっていた。このことは、ドイツ帝国で（その多くが何十年も前から）暮らしていた五万人のポーランド系ユダヤ人にも該当した。彼らの大半はワルシャワ政府の意向により一〇月末、正確には一〇月三〇日に国籍を失うことになっていた。その後ではドイツ国政府にとっても、もはや厄介な東欧ユダヤ人を東部国境外へ追放することはできなかったであろう。というのも、ポーランドはその時にはすでに彼らを市民として認めていなかったからである。

ベルリン＝ワルシャワ間の交渉が失敗に終わった後――ポーランド側は交渉の中で、一〇月三一日以降審査のメモ書きがないポーランド国パスポート所持者が入国することを、二度にわたって拒否していた――、外務省は一〇月二六日に、ポーランド系ユダヤ人は全員向こう四日以内に追放されるべしという案件をゲスターポに一任した。ゲスターポは極めて残忍な方法で直ちにその仕事に着手した。約一万七〇〇〇人のユダヤ人がポーランド国境へ移送され、ポーランドへと追放された。ポーランドは国境を閉鎖し、この不幸な者たちはドイツ・ポーランド国境沿いの中立地帯をさまよい歩いた。無効になったポーランド国パスポートを所持したこれらユダヤ人の中に、グリューンシュパーン一家がいた。息子で、一七歳だったヘルシェルは当時パリで暮らしており、それで追放を免れた。一一月三日、彼は姉からこの出来事を書き記した一通の葉書を受け取った。

一一月ポグロム

この無国籍の、不法にパリを放浪していた青年は数日後に事件を引き起こしたが、事の大きさをまったく認識できずにいた。回転式拳銃による在パリ・ドイツ大使館員の暗殺が契機となったポグロムは、転換点を画するものだったからである。他のいかなる事件も比較にならないくらい、ナチ政権は今や法治国家の伝統的な体裁を重視しないことを、シニカルにはっきりと示した。ナチ・イデオロギーの構成要素としてすでに前々からプロパガンダが行われていた反ユダヤ主義やユダヤ人への敵意は、今では肉体的暴力と迫害という原始的な形へと急変した。「水晶の夜」は、「最終解決」、すなわち全ヨーロッパの何百万ものユダヤ人殺害へ至る道の頂点となった。

一九三八年のこの一一月ポグロムは自然発生的な暴発などではなく、仕組まれたものであり、しかも国家機関によって実行され、国のトップレベルが関与したものであった。そのきっかけを与えたのはヘルシェル・グリューンシュパーンであり、彼は一一月七日に在パリ・ドイツ大使館付公使館書記官エルンスト・フォム・ラートを銃撃し負傷させたのであった。ヘルシェル・グリューンシュパーンはこの行動によって、三八年一〇月末ポーランド国籍のユダヤ人がドイツから冷酷非道に追放されたことに対して、抗議をするつもりであった。彼の家族のさまざまな苦しみが彼の動機となっており、それ以外の何ものでもなかった。グリューンシュパーンとフォム・ラートは互いに知り合いであったかもしれず、暗殺がきわめて個人的な動機に基づいて行われたという推測は、立証不可能でもあるし、意味のあることでもない。以後続けざまに起きた事件にとって、当の暗殺者とその犠牲者は何の意味も持たず、（三三年の国会議事堂放火事件の時と同様）この犯行後ナチ党員に格好の機会が到来したのであった。

この犯行はナチ党員に大いに歓迎され、ドイツ国に対する「世界ユダヤ主義」の陰謀であると仕立てられ、あらゆる社会的、経済的関連からドイツ系ユダヤ人の最終的排除の方向づけに一役買うことになった。ゲッベルスはこの暗殺をまず第一に、反ユダヤ主義の報道キャンペーンに利用した。全国規模で演出されたポグロムは、一一月九日の晩、ミュンヘン旧市庁舎でのナチ党「古参闘士」の前で行われたゲッベルスの演説後に始まった。ナチスの指導者たちは一九二三年のヒトラー一揆を偲ぶため、毎年のようにこの日ミュンヘンに集まっていた。二一時にエルンスト・フォム・ラート死亡の知らせが届いた。二二時頃、ヒトラーが立ち去った後で、宣伝相はナチスおよび突撃隊指導者らを鼓舞し、報復と復讐について語り、行動を起こすように求めているという印象を彼らに与えた。その場の雰囲気は大管区宣伝局を経て、そこからさらに管区および地方支部の指導部へ、とりわけ全国の突撃隊幹部へと、もうすでに命令という形になって、電話で伝達されていった。その直後に最初のシナゴーグが炎上し、至る所でユダヤ人は辱められ、嘲られ、乱暴され、身ぐるみ剝がされた。

事態は民衆も加わり、一見自然発生的な様相を呈した野蛮行為にはとどまらなかった。一九三八年一一月九日以降の数日間にドイツ国全土でおよそ三万人のユダヤ人男性が、しかも主として比較的恵まれた環境にいた者たちが逮捕され、ダッハウ、ブーヘンヴァルト、ザクセンハウゼンの三つの強制収容所に送られた。このことが当事者たちにとって何を意味したかは、数多くの目撃者による報告にもかかわらず、ほとんど描写が不可能である。この作戦行動は二、三週間に限定され、「単に」脅しと国外移住の強い圧力にはなったが、（まだ）ユダヤ人の絶滅にはならなかったということ――このような事実の確認は、強制収容所での拘留が、市民生活を破滅させ、これまでの生活様式を破壊し、そして犠牲者の意識に破局をもたらした状況と比べれば、取るに足らないことである。

「アーリア化」

「水晶の夜」という非常に無害な響きを持つ概念が用いられた一九三八年一一月九日のポグロムの実質的結果が、事件直後の一一月一二日にヒトラー国家ナンバー2、ヘルマン・ゲーリングを議長としたベルリンでのある会議で総括された。七五〇〇のユダヤ人商店が破壊されたと報告され、ほぼすべてのシナゴーグが焼失、あるいは破壊された（当局の報告によると、一九一のユダヤ教会堂が火災で、さらに七六が人間の暴力で壊滅させられた。比較的最近の研究によると、全部で一〇〇〇をはるかに超えるシナゴーグや礼拝所がポグロムの犠牲となった）。数百万〔ライヒスマルク〕の価値があるショーウィンドウの窓ガラスが一一月一〇日の夜にかけて粉々にされた。虐待を受け、恐怖と絶望の末に殺されていった犠牲者の数は――自殺は別にして――数百人に上った。

経済活動からユダヤ人を最終的に排斥する準備は、この会議の時点ですでに完了していた。一九三八年四月には五〇〇〇ライヒスマルクを超えるユダヤ人財産の申告義務が課されており、「アーリア化」を導入するため、六月からユダヤ系企業はマークをつけていなければならなかった。三八年一〇月一四日、ゲーリングは、差し迫っている巨大な経済および軍備計画の生産目標に関する会議で、次のように表明した。「ユダヤ人問題は目下あらゆる手段を講じて着手されねばならないであろう。というのは彼らは経済から締め出されねばならないからである」。一一月一二日の会議でナチスの対ユダヤ人政策の今後の方針が決定された。ゲッベルスはそれに続く数日から数週間の間に、プロパガンダによって、国民の意思の執行と称されたこと、すなわち、最初に没収、次にゲットー化、最後にドイツ支配圏からまだ逃れられないでいる不運なドイツ系ユダヤ人の強制移送と絶滅を支援したのであった。ユダヤ人財産の没収は三八年一一一月一〇日にすでに決議されていたことであり、ドイツ経済の完全な「アーリア化」はヒトラーによって決定されていたのである。特にまだ議論の余地が残っていたのは、誰が利益を独占すべきなのか、国家かナチ党か、ということであった。ゲーリングは四か年計画の全権として一一月一二日の会議で、党の金庫をユダヤ人の金で満たそうとしていた宣伝相ゲッベルスに対して勝利を収めた。大臣と役人が一致していたのは、ユダヤ人がポグロムの際に生じた損害補償責任を当然負うだけでなく――その際保険金が差し押さえられていたため、実際に損害を被っていたのであるが――、さらにドイツ系ユダヤ人に対しては「賠償金」が科せられるということであった。その額の大きさについてはあまり議論されずに、一〇億ライヒスマルクと決定されたのだが、最終的には一一億二〇〇〇万ライヒスマルクとなった。

まず最初にすべてのユダヤ人小売店の完全な「アーリア化」、ついで工場や株式の「アーリア化」、これらはこの一一月一二日の時点ですでに決議され、ヒトラーによって決定されていた案件であった。それは、いかにユダヤ人を完全にドイツ人社会から排除し、孤立化させるべきかという措置に関して、あの紳士方が協議する以前のことであった。〔ゲーリング主催の〕会議で出された意見は、ドイツの森への立ち入り禁止から、駐車場設置のための全シナゴーグの取り壊し、さらには鉄道利用規則からユダヤ人の公園への立ち入り禁止、中世のように決められた服の着用（ゲーリングは制服を有効だと考えていた）、あるいは少なくともマークによるユダヤ人の外見上の区分にまで及んだ。

これらの提案の大部分は、ポグロム直後に、指示や通達、命令や禁止といった一連の怒濤のような流れによってユダヤ人の完全な公民権剝奪が一気呵成に導入された時、実現した。この時にはもう肉体的絶滅は、一九三八年一一月に意識的かつ公式に選択された道の終着駅となっていたのである。

4　ユダヤ人の亡命（一九三三〜一九四一年）

制限された亡命の機会

なぜユダヤ人が時機を逸せずに国外へ移住し、苦しみと嫌がらせから逃れなかったのかということは、よくなされる質問である。ドイツ系ユダヤ人の大部分は、自分たちには他のドイツ人に劣らずドイツの文化や故郷を想う気持ちがあると思っており、それゆえ亡命しようとはしなかったのだが、そのこととは別に、多大な困難が国外移住の妨げとなっていた。ナチ国家はドイツ系ユダヤ人の国外移住を強力に推進すると同時に制限もした。経済活動からの排除は一方では亡命の意思を促したが、他方で財産没収や法外に高額な税や費用が国外移住の可能性を阻んだ。他国からの貧しい移住者に関心を持つ亡命受け入れ国は皆無であり、この政権の狡猾さは、ドイツから追放されたユダヤ人が受け入れ国で社会問題にでもなるなら反ユダヤ主義を輸出してもいい、という点にあった。

一九三八年七月、ジュネーヴ湖のフランス側湖岸で、ドイツから国外移住するユダヤ人問題のための国際会議が開催された。ローズヴェルト大統領の主催で、三二か国と多数のユダヤ人団体の代表者が参加した。しかしながら、ロンドンに本部を置く「政府間難民委員会」の創設と、現行の移住比率は今後十分に達成されるであろうということをほのめかす、数か国の漠然とした保証以外には、ヒトラー権力圏からのユダヤ人亡命の機会を高めることは何も決まらなかった。

ベルリンでの管轄機関は当初は内務省の移民局であった。一九三九年一月、アードルフ・アイヒマンがオーストリアで展開したモデルに倣って「ユダヤ人国外移住全国本部」が創設された。これは保安警察長官ラインハルト・ハイドリヒの管轄下にあったが、公式には内務省の所轄下にあり、事実上事務室はゲスターポのII局と同一であった。

ヨーロッパ各国の受け入れ状況

ナチ政権の国外移住政策は矛盾に満ちた不透明なものであり、一九三九年初頭に亡命への圧力が強まった後、激しい妨害が四一年秋の国外移住禁止まで続いた。奨励されたのはパレスチナへの移住であり、そのために資本移転に関する複雑な取り決め（ハーヴァラ協定）やパレスチナへの非合法移住に対する支援があった。それに対して、ヨーロッパ近隣諸国への移住は妨害された。ヒトラーを前にして、ユダヤ人避難民が国外移住の第一波でまず近隣諸国へと向かったのは、当然であった。三五年まで国際連盟の委任統治下にあったザール地方は、オーストリアや、結局のところスイスよりも亡命者に対して思いやりを示すこととなったチェコスロヴァキアと同様に、多くの者にとって最初の避難地となった。三三年から三四年にかけて最も重要な亡命地はフランスであった。もっとも、そこでの経済状態は悲惨で、神経を擦り減らし、見込みのない新たな生活基盤を探し求めることに疲れ果ててドイツに戻ったユダヤ人も少なくなかった。三四年一一月にフランスで出された法律によって、外国人が収入を得る機会は後々まで制限された。ベルギーでも事態は同様で、三五年二月には移住が極端に困難なものになった。小国ルクセンブルクは四〇年五月のドイツの侵攻まで避難地となっており、オランダには二万五〇〇〇から三万人のドイツ系ユダヤ人が一時的な安全を求めて脱出していた。亡命する機会はファシスト国イタリアにもあった。しかもムッソリーニがドイツの圧力を受けて、やがてニュルンベルク諸法に匹敵しうるものになるユダヤ人法を制定した三八年九月以降もなおあった。イタリアでは――同じことは、ファシストのフランコが支配していたスペイン地域においても当てはまったのだが――住民は反ユダヤ主義を信奉しているわけではなく、人種法は公布されたが、必ずしも厳守されてはいなかった。

イギリスは、ヨーロッパのほとんどの亡命受け入れ国とは違い、最後までドイツ支配下には入らなかったため、ドイツ系ユダヤ人移民の大部分を期限付きないしは無期限で受け入れた。一九三八年秋までにおよそ一万一〇〇〇人のユダヤ人がブリテン諸島〔イギリス〕に脱出し、「帝国水晶の夜」以後さらに四万人の入国が許可された。ドイツからユダヤ人の子供たちを救出するという、迅速で惜しみない援助が一一月ポグロムの直後に始まり、何千人もの子供が輸送によって救われた。

最重要亡命国アメリカ

亡命先として最も重要で希望の多かった国は、パレスチナとアメリカ合衆国であった。しかし、さまざまな理由からそこに辿り着くのは困難であった。パレスチナはイギリス委任統治領で、移住の意思があるシオニストのほとんどは共同で定住生活の準備をしていた若いユダヤ人であり、複雑な割り当て制度によってほんのわずかな数しか入国が許可されなかった。ユダヤ機関の正式な斡旋によって、つまり合法的に、三三年から三六年までに最大二万九〇〇〇人のユダヤ人がドイツからパレスチナへ移住し、三七年から四一年までにさらに約一万八〇〇〇人が移住した。非合法移住（アリヤー・ベート）は危険に満ちており、全体で二〇〇〇〜三〇〇〇人が成功したにすぎなかった。

移住割り当てはまた、多くの者にとって合衆国への乗り越えがたい障壁となった。しかも一九三九年まで年間割り当てすら十分に達成されなかった。原因はドイツの外国為替管理ならびにアメリカ移民局の制限政策であった。一九三八年の一一月ポグロム以後、制限は確実に緩和されたが、多くの者にとっては遅すぎた。まず第一に中欧からの貧しいユダヤ人に煩わされるという心配があり、戦争勃発後は、ナチスのスパイが避難民の流れに紛れ込むかもしれないという恐れがこれに加わった。いずれにせよ、アメリカ合衆国への入国許可を得るまでには、いくつもの官僚主義的なハードルを乗り越えねばならなかった。それにもかかわらず合衆国は総じて最重要亡命国であり、ここに一三万人以上のドイツやオーストリアからのユダヤ人が避難の場を見つけたのであった。

ドイツから逃れてきたユダヤ人を待ち受けていたのは、言葉の障壁、職業の格下げ、経済的困窮、根無し草としての感情をともなった厳しい日常生活であった——それは多くの者にとっては一生涯続くものと思われた。一九三九年は七万五〇〇〇から八万人ものユダヤ人がドイツから逃れることに成功し、移民はピークに達した。四〇年にはさらに一万五〇〇〇人、四一年には八〇〇〇人が出国し、そして四一年一〇月二三日に亡命は禁止された。この時点ですでに、大量虐殺は動き出していたのである。

5　アーリア化とユダヤの星
――ドイツ系ユダヤ人の公民権完全剥奪（一九三九〜一九四一年）

経済活動の禁止

一九三八年秋の一一月ポグロムの時点では、かつて約一〇万あったユダヤ系企業のうち、まだ四万が正当な所有者の手中にあった。「アーリア化」は小売業で最も激しく進行したが、約五万の商店のうちまだ九〇〇〇が残っていた。ユダヤ人失業者数は増加の一途を辿り、就業禁止令や強制売却によって多くの者が貧困化した。三八年一一月一二日の「ドイツ経済活動からのユダヤ人排除命令」によって、まだ残っていた生活基盤が壊滅した。三九年一月一日以降ユダヤ人は、小売店の営業、ならびに市場や祝祭での商品販売や商業活動、手工業の経営が禁止されていた。

企業は通常、不当に安い価格で非ユダヤ人所有者の手へ譲渡（「アーリア化」）されるか、解散させられた。いずれの場合も、ユダヤ人所有者にとっては破産を意味した。実際それで得た金は自由に使うことができず、封鎖預金口座に振り込まれ、後にドイツ国のために没収されたからである。ユダヤ人は装飾品、宝石、骨董品を売却するよう強制され、その価値をはるかに下回る値段で買い取られた。また有価証券や株券の所有も禁止され、強制預託された。同様にユダヤ人所有の不動産も強制的にアーリア化された。ユダヤ人従業員は解雇され、自営業者はほとんど例外なく就業禁止命令を受けた。三一五二名の医師のうち七〇九名が、辛うじて「医療従事者」として専らユダヤ人患者だけを診察することが許されたが、それはいつでも取り消される恐れがあった。

ドイツ系ユダヤ人の貧困増大は官庁によって利用され、ユダヤ人に強制労働を命ずることとなった。一九三八年一二月二〇日付でこれに該当する布告が、雇用・失業保険庁長官によって出された。これ以後、労働力として投入可能なユダヤ人は全員、差別的状況下で（「従業員としてではなく」）「国政上重要な計画」（これらは特に軍需産業の企業であった）のために搾取された。

日常生活の制限

一一月ポグロム後、ユダヤ系新聞やユダヤ人組織の禁止によってユダヤ人の公的生活は機能を停止した。身ぐるみ剝がされ、窮乏化したうえに、ユダヤ人の個人生活は悲惨の一途を辿る状況にあり、絶えず新たな嫌がらせが行われた。四月三〇日の「対ユダヤ人賃貸借関係法」により、ユダヤ人家族の「ユダヤ人専用住宅」への収容準備が開始された。その意図は、監視（と後に移送）を容易にする住まいへユダヤ人を押し込むことであり、迅速に実現された。「アーリア人」にとっては、同じ集合住宅でユダヤ人と一緒に暮らすことは無理な相談であるというのがその根拠であった。

一九三九年九月一日の開戦によって外出制限が設けられた。ユダヤ人は夏は二一時以降、冬は二〇時以降自宅を出ることが禁止された。九月二〇日からユダヤ人のラジオ受信機の所有が禁止されたが、これは戦時必需品と説明され、同様にユダヤ人はまさに「国家の敵」とみなされたので、電話の所有も禁止された（四〇年七月一九日）。すでに三八年一二月初頭から、ユダヤ人には自動車の運転や、原動機付き車両の所有が禁止されており、三九年九月以後、買物にはユダヤ人専用食料品店が指定され、四〇年七月からベルリンではユダヤ人はわずか一六時から一七時の間にしか食料品を買うことができなかった（ユダヤ人に割り当てられた配給は、そのうえ「アーリア人」のものよりもはるかに少なかった）。小賢しい官僚たちは絶えず新たに低劣なことを考え出した。たとえばペットの飼育や貸出文庫の利用の禁止などである。四一年九月一日、ユダヤ人の証明に関する警察の命令が発せられ、九月一五日から六歳以上のすべてのユダヤ人は、黄色い星を服に縫いつけていなければならなかった。これで公衆の面前での辱めやレッテル貼りは完璧であり、迫害された少数民族ユダヤ人の監視は申し分のないものになった。四三年七月一日以降、ドイツ国内のユダヤ人は（ドイツ国公民法第一三令により）警察法の管理下に置かれた。すなわち、ユダヤ人にとってもはやいかなる法的手段も存在しなかった。しかしすでにこの時点において、ドイツ国内に暮らすユダヤ人は多くはなかった。公式にはドイツ国では「ユダヤ人は皆無」ということになっていた。しかし非合法生活に逃れていたごく少数の者もいたし、大多数のドイツ系ユダヤ人と同じ運命を辿るのを常に覚悟しながら、非ユダヤ人配偶者との「混合婚」という不安定な庇護の下で暮らしていた者もいたのである。

6　東部占領地域のゲットー――「ユダヤ人問題の最終解決」の開始

ポーランド侵攻

一九三九年九月一日の明け方、ドイツ国防軍は隣国ポーランドを奇襲攻撃した。ポーランド陸軍と空軍は完全武装したドイツ軍の侵攻をほとんど阻止できなかった。三日間国境地帯で戦闘が続いた後、ワルシャワへの進撃が開始された。ポーランドの首都が第二次世界大戦最初の絨毯爆撃の標的となった。ワルシャワは至る所で炎上した。逃げられる者は、ドイツ軍の空襲前にこの包囲攻撃された都市から逃げた。

ポーランドへのドイツ軍の侵攻には反ユダヤ主義感情に基づく行きすぎた行為があったが、これには兵士、ドイツ系住民、ポーランド人がかかわっていた。ウーチ出身のユダヤ人女性は次のように伝えている。「『ユダヤ人め！』私たちはこの荒々しい叫び声を、昨日まで私たちの隣人であったドイツ人住人の口から聞くのです。狼は、まとっていた子羊の皮を脱ぎ捨て、その牙は獲物に飢えているのです。ドイツ人の若者たちは待ち伏せしていて、ユダヤ人が通りかかるのを待っているのです。若者たちはユダヤ人に容赦なく襲いかかり、ユダヤ人のひげを引っぱり、髪の毛をつかんで引きずり回すのです。しかも自分たちがしている狂暴なスポーツにサディスティックな喜びで興奮しながら、血だらけになるまでやるのです。これが彼らの『国民的使命』となっていて、ドイツ人はこれを周知のドイツ的徹底さで実行したのです。隣人の一人が強制労働のため、行政本部の建物に招集されていました。彼は床を磨いた後、自分のコートでそこのタイルを拭いて乾かすように命じられたのです。……彼の服が汚れた水で完全にびしょびしょに濡れた状態になって、ようやく立ち上がることを許されたのです。それから連中は彼の頭の一部を剃って、彼を通りに突き飛ばしたのです」。

しかしこれはほんの序曲にすぎなかった。一九三九年九月二一日、ゲスターポ長官兼保安警察長官ラインハルト・ハイドリヒは、ポーランド占領地区の行動部隊《アインザッツグルッペン》指導者たちに対して「ユダヤ人問題の最終解決」の段階と方法が汲み取れる指示を出した。「立案された措置には技術的ならびに経済的な面で極めて徹底的な準備が必要とされる。……最終目標達成のため最初にやるべきこととして、まず地方のユダヤ人を比較的大きな都市に集中させることが有効である。これは急いで実行されねばならない。……その際注意すべきは、鉄道の要所か少なくとも鉄道路線沿いの都市に限定して集中地を決定することである。……どのユダヤ人共同体にもユダヤ人長老評議会を設置すべきであり、これは、できるだけ、後見的で指導的な人物やラビから構成されなければならない。……長老評議会は文字通り、出された指示やこれから出される指示すべてを厳格に期日通りに実行することに対して完全に責任を負わなければならない。……ユダヤ人評議会はユダヤ人の暫定的な数を――できれば性別で……それから最も主要な職業別に――その所在範囲で把握し、その結果をごく短期間に報告しなければならない。……都市にユダヤ人が集中することにより、一般に保安警察側の理由から、総じて都市の一定区域内へのユダヤ人の立ち入り禁止、――常に経済的な必要性を考慮しなければならないが――たとえばユダヤ人のゲットーからの外出禁止、夜間の規定時間内の外出全面禁止、といった命令がおそらくこれらの都市で必要とされるであろう」。

ワルシャワ・ゲットーの建設

ユダヤ人を侮辱し、搾取するための強制居住地としてのゲットーは、ドイツ占領下の東欧全域に設置された。その目的は第一に比較的大都市にいるユダヤ人住民を集中させることにあった。ゲットーはおびただしい数の住民移送の中継基地として使われたが、この移送はポーランド占領開始時にはまだはっきりとした輪郭がなかった。このことは在クラクフ総督と西ポーランド「編入地域」の諸官庁との間の争いが証明している。後者は「ドイツ化する」ためにできるだけ迅速にユダヤ人を追い払いたかったのだが、しかし総督府は遠い将来の目標としてユダヤ人のいない国を達成しようとしていたのであった。

ドイツ軍の侵攻前、ワルシャワにはおよそ三五万人のユダヤ人が暮らしていた。彼らは（ニューヨークについで）世界第二の規模のユダヤ人共同体を形成していた。ワルシャワのユダヤ人の大多数は市北部の、イディシュ語が話されている伝統的なユダヤ人地区に居住していた。多くは正統派で、黒い服装をして、男性は総ひげを生やし、こめかみの毛をカールさせていた。ワルシャワのユダヤ人のほぼ半数が職人あるいは労働者として働いており、三分の一が商売に携わっていた。自営業は一握りであった。教員以外の公職に就いているユダヤ人はほとんどいなかった。ポーランド系ユダヤ人の大半は貧しく、すでにドイツ占領以前から反ユダヤ主義一色のポーランドで、ユダヤ人の状況は悪かった。しかし、さらに悪い事態が差し迫っていた。まず第一にゲットー化と財産の喪失である。一九三九年一一月、ドイツ人は共同体議長アダム・チェルニャクフをユダヤ人長老に任命した。ワルシャワ・ユダヤ人評議会のトップとして、彼は今や周辺地域からワルシャワに移動させられてきた増えつづける人々に対して責任があった。彼は食べ物、住まい、健康の世話を焼き、ユダヤ人に対するSSの命令を実行しなければならなかった。

チェルニャクフは、しばしば数語のメモや略語だけの時もあったが、簡潔な記述を自分の日記に書き残した。これはワルシャワ・ゲットーの日常を記録したものとなっている。「ワルシャワのユダヤ人の統計が完了した。午前八時、共同体―分担金。午前一一時、SSに四万ズウォティを現金で、総額二六万ズウォティを振替で持参した。それから許可をもらいに外国為替管理所へ。『ゲットー』へは、『注意　伝染病の危険あり　立入禁止』と書かれた標識が導いてくれるだろう。そのわきに司令部は、兵士の立入禁止、というポスターを貼るだろう。共同体では徴収続行」。

勝手気ままに、そして金が期日までに届けられない場合には人質は射殺されると脅されながら、SSがユダヤ人に課した分担金のために金が徴収された。このユダヤ人長老は共同体の管理・運営を開始し、宿のない人々に寝床を提供し、ユダヤ人孤児院、病院、そしてユダヤ人共同体で働いている者たちに資金を工面しようと、当局を動かそうと試み、できるだけいろいろな役所の会議に出席して、時間に追われて過ごしていた。ドイツ人から要請されたユダヤ人強制労働従事者が徴集されなければならなかった。この不幸な仕事を行うのは、つらく、割に合わない任務であった。

ユダヤ人評議会議長アダム・チェルニャクフ

一九四〇年一一月中旬、ゲットーは壁と有刺鉄線によって外界から隔離された。四〇万以上のユダヤ人が、ワルシャワ・ゲットーの非常に狭い空間に押し込められ、SSの命令を受けるだけのユダヤ人評議会の統治下で暮らしていた。

このような強制された共同体の頂点にある「ユダヤ人長老」の職は救いようのないものであった。SSは絶えず長老を侮辱し、彼は何度も逮捕され、虐待されるが、その割にゲットーの住民には愛されなかった。逆に、彼をめぐって激しい議論が戦わされた。多くの者は彼を単にドイツ人にとって都合のよい道具と見ていた。まったく馬鹿げた噂によって、この推測が裏付けられた。虚栄心や権力意識からこの難しいポストを得ようとし、自分の功名心を満足させるためにその職務を果たしているという汚名を、チェルニャクフは、ウーチ、あるいはヴィルノ、ルブリン、リガ、テレージエンシュタットなどの他のゲットーでドイツ人によって統治者として任命され、その手先として利用されたすべての者たちと、共に背負っていた。これらのユダヤ人評議員に死後の名声はなかった。たとえ彼らがナチスのような民族優越主義者によって殺害された場合でも、生存者や歴史記述家は彼らを不当に扱ってきた。彼らが身をもって示した悲劇的な葛藤を、批判する人たちはほとんど認めようとはしなかった。

アダム・チェルニャクフは教養のある、繊細な人間であった。第一次世界大戦前、彼は故郷ワルシャワの工科大学で工学士の学位を取得し、引きつづき商学を勉強し、ドレスデンでドイツ語を学び、ドイツ文化に没頭した。ポーランドに蔓延っている反ユダヤ主義によって、彼はユダヤ人共同体以外で公職や一般職に就くことを妨げられた。このことが、出自と教養からみてユダヤ人であると意識していたというよりはむしろ愛国的ポーランド人であると本来感じていた彼を、ワルシャワ・ユダヤ人社会の中で、専門学校の教員として、「ポーランド・ユダヤ人手工業者本部」の団体幹部として、任務にかかわらせることになった。彼は数年間ワルシャワ市参事会に属していた。ゲットーの同志ルートヴィク・ヒルツフェルトは記憶を辿りながら、このワルシャワ・ユダヤ人評議会議長の公正な言動を思い出そうとした。「彼は好んで厳格な男を装っていましたが、自らの運命が定められていて、喜んで我が身を捧げることを承知している人間が持つ繊細な心の持ち主でした。彼は最後の最後までたたかいました。……自分自身に同情することなど微塵もありませんでした。……けれども彼の保護に身を委ねている人々の生活のためには、獅子奮迅のたたかいをしました。人柄に関して言えば、彼は勇敢でしたが、他人のことが問題な時には、優しく、相手を受け入れました。彼はドイツ当局に、命令に従って貴重品、現金、毛皮をおとなしく引き渡しました。……さらに銀製のおまるまでも。しかし彼は自分の保護下にいる人間が要求された時には、自分自身を犠牲にする方を選んだのです……」。

一九四二年七月、ゲットー住民の絶滅収容所への移送が開始された。ユダヤ人評議員たちはまたしても手先として、移送者リストをまとめ上げ、死の候補者の移送準備を整えなければならなかった。ドイツの軍需産業のために働いているゲットー内の工場労働者も免除されなかった。このユダヤ人長老はこれ以上の人殺しの下働きから逃れるため、四二年七月二三日、自殺に逃げ口を求めた。事務所で彼は毒を仰いだ。机の上には妻に宛てた一通の手紙が残されていた。その内容は次のように記されているだけであった。「奴らはこの手で我が民族の子供たちを殺すように要求してきた。私には死ぬ以外に道は残されていない」。

ウーチ併合

ウーチはポーランドの繁栄していた都市で、国内第二の大都市であった。工業の発展によりこの都市は成長した。特に繊維工業が有名であった。第二次世界大戦前夜、ウーチの人口は七〇万人だった。市民の三分の一以上がユダヤ人であった。ウーチはユダヤ文化の中心地で、ヘブライ語のギムナージウム、ラビの学校、イディシュ語の新聞、多くのシナゴーグ、豊かな宗教生活があった。一九三九年九月八日、ドイツ国防軍がこの町に侵攻してきた。ウーチは「ヴァルテガウ〔大管区〕」に併合され、三九年末からドイツ帝国領土の一部となった。四〇年四月一一日、ウーチは新しい名前を与えられた。ドイツの将軍にちなんで、当時は「リッツマンシュタット」と呼ばれた。

ドイツに占領されると直ちにユダヤ人の迫害が始まった。SS出動部隊は、現地の「ドイツ系住民」部隊の支援の下、ユダヤ系市民を苦しめ、彼らの財産を略奪した。強制労働と外出禁止がユダヤ人に対する最初の公的措置であった。続いて経済活動からの排除、銀行口座の封鎖、不当逮捕が行われた。一九三九年一一月、前年のドイツで「水晶の夜」が起こった時と同様に、この都市のシナゴーグすべてが破壊された。同じく三九年一一月からユダヤ人は全員、マークをつけることが強制されており、最初は黄色の腕章だったが、後にユダヤの星を服の胸のところに縫いつけていなければならなかった。

ウーチ・ゲットーの開設

一九三九年一二月一〇日、カリシュ行政区長官フリードリヒ・ユーベルヘーアは、ドイツ行政機関の最高責任者としてゲットー設置の準備を命じた。「十分な監視体制の確立後、私が決めた日に一気にゲットーを設置する。すなわち決めた時間に、ゲットー境界設定線を前もって配置しておいた護衛隊によって固め、移動用有刺鉄線防御柵やその他のバリケードで通りを遮断する。同時にゲットーから利用可能なユダヤ人労働力を動員して壁を造って囲い込み、ないしは他の手段で建物正面の閉鎖を開始する。ゲットー内では、ユダヤ人による自治行政が直ちに導入される。これはユダヤ人長老と大幅に増員された共同体執行部によって行われる」。

一九三九年一〇月一三日「ユダヤ人長老」にはモルデハイ・ハイム・ルムコフスキが任命された。命令に従って彼は三一名のメンバーから成る「ユダヤ人評議会」を組織したが、彼らは一一月一一日には逮捕され、収容所に送られ、殺された。ルムコフスキ自身は虐待を受け、その後新たなユダヤ人評議会を設立しなければならなかった。ドイツ人支配者の残忍さにはそれなりのやり方があった。まず最初に一〇万人のユダヤ人と二〇万人のポーランド人がヴァルテガウを去ることになっていた。その後で「ユダヤ人問題」が最終的に解決をみることになっていた。行政区長官ユーベルヘーアの命令では誤解の余地がなく次のように述べられていた。

「ゲットー建設は言うまでもなく一時的な措置にすぎない。いつの時点で、いかなる方法でゲットーおよびそれと同時にロチュ（原文のまま）〔ウーチ〕の町からユダヤ人が一掃されるかについては、権限は私にある。いずれにせよ最終目標は、我々がこのペスト腺腫を完全に焼き尽くすということでなければならない」。

これはベルリンでの立案と一致している。ヴァルテガウのユダヤ人は東部へ、総督領へと移送されることになっていた。しかしポーランド占領地区ヒトラー代理人ハンス・フランクが四〇年一月、これ以上のユダヤ人の受け入れを拒否した。これによりゲットー計画は強行されることとなった。しかしウーチでのゲットー開設は計画通りに一気には進まなかった。罠は突然カチッと閉じたのではなく、徐々に徐々に閉じた。四〇年二月八日、警察本部長はウーチの北部地区にゲットー区域を設置するように指示するが、そこはすでに六万二〇〇〇人のユダヤ人が暮らす貧困地区であった。四平方キロメートルにわたり、ユダヤ人墓地を取り囲んで、ゲットーには三万一〇〇〇のひどい代物の住まいがあったと思われるが、上下水道の設備はほとんどなかった。ここで一六万人の人間が、外界から完全に遮断された状態で、暮らさなければならなかった。ユダヤ人長老はユダヤ人治安部門を組織し、ゲットー郵便局が設けられ、ゲットー内でドイツの軍需産業のために工場が稼働する予定であった。四月の経過とともにそれらの準備が完了した。四月三〇日、ゲットーは封鎖された。ゲットーから離れることは死刑であった。四〇年七月、ユダヤ人長老は、「ゲットーに居住している人々はゲットー外の人間と、鉄条フェンス越しに、とりわけ幹線道路沿いで話をすることは厳重に禁じられている」という禁止令を公示しなければならなかった。

ルムコフスキによるゲットー管理

ゲットーはドイツ的徹底さで組織され、管理された。ルムコフスキのもとでのユダヤ人評議会は執行機関として機能し、ユダヤ人の日常生活の規制に関して権限があった。リッツマンシュタットの市行政当局にはゲットー関係の事項を扱う「ゲットー食糧・経済局」が設けられた。一九四〇年一〇月以降、一時は四〇〇名の職員を擁したこの部署は、「ゲットー管理局」という名称になった。そのトップに立ったのは、民間人でブレーメンの大商人ハンス・ビーボウであった。彼は野心家で、自分の職責を真面目に引き受け、職場の同僚と同様に「ユダヤ人問題の最終解決」という枠組みの中でのゲットーの重要性を認識していた（四七年四月、彼はユダヤ人三〇万人の絶滅収容所送りの幇助および射殺関与のかどでポーランド法廷で死刑を宣告され、六月に刑が執行された。彼の職場の同僚に対する訴訟手続きは七〇年代に連邦共和国〔旧西ドイツ〕で停止された)。ゲットー管理局は食糧、生産品、そして資源を管轄していた。ゲットー外の監視は治安警察の仕事で、ゲットー内はゲスターポと刑事警察の所轄であった。ゲスターポは、国家のすべての政敵やいわゆる「敵」を扱う一般的な機関ではあるが、ゲットー内に独自のオフィスを持っていた。刑事警察は特に資産価値のある物品の押収活動をしていたが、これは公には密輸の撲滅と呼ばれていた。

財産没収はゲットー化に先立って行われていた。住民の財産の大部分は「移住行動」の際に置き去りにされ、所有者不在とみなされ、押収された。格子の背後の都市国家には、一九四〇年七月以降、独自通貨があった。しかしそのゲットー通貨も単に略奪品の一つの形態にすぎなかった。というのはドイツ当局の定義によれば、それは「ユダヤ人がゲットー通貨と交換したライヒスマルクないしは外国通貨の領収書以外の何物でもない。万一将来ゲットーがなくなったとしても、それは無論ありえないが、ゲットー通貨所持者はドイツ国に対し、その権利を要求することができない……」。

ゲットー内部はルムコフスキ自らの独裁支配下で管理された。ドイツ国防軍用の紡績工場、馬具製造所、家具製作所、金属工場での強制労働は彼の計画に従って準備、実行された。ユダヤ人治安部門(ゲットー警察)、刑務所、ゲットー裁判所、ユダヤ人長老の声明が掲載される新聞、統計部、ゲットーの編年史記録がある資料保管所があった。空腹は日常茶飯事であった。このことはドイツ人責任者ビーボウ局長も承知しており、一九四二年五月、ゲスターポに宛てて次のように書いた。「食物は一年以上前から囚人に認められた量自体をも下回っております。そちらから割り当てられた食糧でゲットー住民を長期的に労働力として投入可能な状態にしておくことは、無理であります。……さらに、食糧に関してはゲットーに入ってくるものすべてが、たいていあまり品質の良くないものばかりであります。死亡率の急速な上昇からみて栄養状態はきわめて明白です。ここ数週間の死亡広告を見ますと、発疹チフス（飢餓チフス）の増加が確認できます」。

一九四一年の秋から二万人のユダヤ人がドイツ国、ウィーン、プラハ、ルクセンブルクからゲットーに「移住させられた」。場所をつくるため、学校を閉鎖しなければならなかった。ゲットーに強制連行されてきた、プラハ出身の記者オスカー・ジンガーはゲットーの状態を目にして疑問を呈した。「ヨーロッパ人がこのような状況下で文化という装いを失うのに、どのくらいの時間が必要なのか。スープや板張りの粗末なベッドを取り上げるという厳罰があるこの文化を維持することは可能であろうか。寝具類、下着、服を洗い、取り替え、乾かす機会がまったくないならば、人間がシラミに食われないなどということがありえるのだろうか。文化とはいったいいかなるものなのか」。

一一月には五〇〇〇人のロマがブルゲンラントから来たが、その中には大勢の子供たちがいた。彼らはユダヤ人よりもさらにひどい扱いを受けた。彼らはゲットー内の二重の有刺鉄線で隔離されたジプシー特別居留区域で暮らしていた。一九四二年一月、彼らはクルムホーフ（ヘウムノ）絶滅収容所のガス・トラックの中で殺された。四二年一月一六日、このゲットーからユダヤ人の移送も開始された。徐々に殺害し、一掃することになっていた。移送者リストはユダヤ人長老が作成しなければならなかった。移送はクルムホーフ絶滅収容所のガス・トラックの中で終わった。四二年九月までにそこで七万人のゲットー住民が殺された。残りの九万人は、国防軍のためにその後も働き、空腹に苦しんだ。四四年六月、SS全国指導者ヒムラーはゲットーの撤去を指示した。移送が再開され、最初はヘウムノに、四四年八月からはアウシュヴィッツに送られた。かなりの者は、仕事に行くのだという希望を相変わらず抱いていたのであった。

ユダヤ人評議会のジレンマ

一九四四年八月末、ユダヤ人長老ルムコフスキもまた家族と共にアウシュヴィッツに送られた。彼にはウーチ／リッツマンシュタット・ゲットーの悲劇が余すところなく映し出されていた。ユダヤ人長老のルムコフスキは偶然役職に就いた。六二歳であり、ほとんど教育を受けてこなかったので、彼は三九年までは表に出てこなかった。ドイツ占領軍の引き立てによってゲットーの主人になる以前は、商人としては成功せず、保険代理店経営、ユダヤ人孤児院長がそれまでの彼の人生経歴であった。彼は大祭司と自称し、まもなく不幸なゲットー住民の憎しみを一身に集めた。かつてゲットーの医者であったアルノルト・モストヴィチは彼のことをこう書いた。「彼は単純な人間だったが、間違いなく利口だった。おそらく慈善活動、たとえば寄付金を募るといった経験で、彼はその新しい立場にするりと入り込むことが十分できたようだ。その立場は彼にピッタリだったし、おそらくそれによって、昔しなければならなかった取るに足らない仕事の埋め合わせがなされたのだろう。自ら演説上手と思っていて、スピーチでかなりの数の聴衆を自分のまわりに集めた時には、彼には権力意識が、ひょっとして責任を負う意識も、呼びさまされたのかもしれない」。

彼の行ったことの意義、つまり巨大なユダヤ人ゲットーの管理の頂点に立って安定と秩序を貫徹するという断固とした統治を信じなかった人々には、彼はドイツ人の協力者であり、ユダヤ人の裏切り者であるとみなされた。そして、ゲットーの軍需生産部門で行われている奴隷労働を忌み嫌っている人々にとって、彼はドイツ人の道具以外の何者でもなかった。四二年九月四日、彼はゲットー住民を前に演説を行った。絶望の感情に高ぶりながら、彼は自分自身とその役割について脚色してこう語った。「昨日ゲットーから二万人余りのユダヤ人を移送するという命令が私に告げられた。我々がそれをしないのならば、他の者がそれを行う。……しかし我々は、『何人を助けることができ、何人を失うか?』といった考えにとらわれているのではなく、『何人を助けることができるか?』という考えにとらわれているので、我々、すなわち私と私の同僚たちは、たとえどんなにつらいことになっても、この運命を自らの手で引き受けなければならない、という結論に達した。私はこのつらく血の出るような作戦を実行しなければならない。私は胴体を救うために、手足を切断しなければならないのだ! ……諸君の前には一人の完全に打ちのめされたユダヤ人が立っている。……これは私がこれまで実行しなければならなかった中で、最もつらい命令である。私は疲れ果てて震える手を諸君に差し出し、請う。『諸君の身柄を私の手に預けてくれ、さらなる犠牲者を防ぐために、ユダヤ人一〇万人の人々を救うために』」。

ウーチ/リッツマンシュタット・ゲットーの生存者数は一万二〇〇〇人と推定される。ゲットーの人口は一九四一年一二月一日に一六万三六二三人でピークを迎えていた。ユダヤ人長老ルムコフスキの指導下でウーチ・ゲットーは、ドイツの命令にその後も従いつづけ、移送者リストを作成するよりはむしろ四二年に自殺を選んだ、道徳的により繊細なアダム・チェルニャクフ下のワルシャワ・ゲットーよりも、少なくとも一八か月長く存続した。ウーチ・ゲットーがより長く存続したのはこのユダヤ人長老の功績なのかどうかは、もちろん誰にもわからない。ユダヤ人評議会のジレンマは、生存者たちの間で長く激しい論争を引き起こした。

ワルシャワ、ウーチ、クラクフ、チェンストホヴァ、ラドム、キェルツェおよびその他ポーランドの地にある多くのゲットーに、一九四一年六月以降ロシア出兵とともに、ヴィルノ、コヴノ、リガ、ミンスク、それに最後の一つとしてリヴォフ（四二年八月）のような、東ポーランド、リトアニア、エストニア、ラトヴィア、ベラルーシのゲットーがさらに加わった。

ビャウィストク・ゲットー

ポーランド繊維産業の中心地ビャウィストクでは一九三九年九月一五日にドイツ国防軍が進駐してきた。ポーランド北東部にあるこの町の人口はおよそ一二万人で、その半数がユダヤ人であった。ヒトラー＝スターリン協定の密約後この地域はソ連の権益地域となり、ビャウィストクはそのため三九年九月二二日からソ連の管理下にあった。ドイツ軍のソ連への攻撃後、ビャウィストクは一九四一年六月二七日にドイツ占領支配下となった。それによりユダヤ人の大量虐殺が始まった。出動部隊一隊が初日に二〇〇〇人のユダヤ系市民を殺害し、大シナゴーグを破壊した。その少し後にさらに四〇〇〇人のユダヤ人が市外での殺戮行動の犠牲となった。ポーランド西部における三九年秋の光景は東ポーランド、バルト諸国、ベラルーシ、ウクライナでも繰り返された。

ビャウィストク地域は一九四一年八月一五日、東プロイセンへの領有権が認められ、それとともにドイツ領に併合された。八月初頭ビャウィストクのユダヤ人のゲットー化が始まった。五万人がウーチと同様の条件下のゲットーで、ゲスターポの支配下に置かれ、ユダヤ人評議会の管理の下で暮らし、働いていた。他のゲットーと同様に、ユダヤ人の政治諸組織——共産主義者、さまざまなシオニストグループ、ブント〔ユダヤ人労働者総同盟〕——が存在した。これらは確かに互いに張り合ったが、圧制者に対する抵抗という一つの共通の目標があった。四二年八月から地下組織のレジスタンス闘士は二つの主要路線に分かれて組織されていたが、四三年六月に一つの抵抗運動に統合された。手本となったのは、ドイツ人との闘争の準備をし、後世の人々のために秘密記録保管所を設置した、ワルシャワ・ゲットーの組織オネグ・シャバトであった（牛乳缶に入れられて保管されていたエマヌエル・リンゲルブルム記録文書は、大部分が地中でワルシャワ・ゲットーの破滅を免れ、またビャウィストクのゲットー記録も無事であった）。

一九四三年二月、ビャウィストクでは、ある「作戦行動」で二〇〇〇人のユダヤ人が銃殺され、さらに一万人がトレブリンカに移送された。ゲットーの撤収命令が八月に出され、その件はSS中将オーディロ・グロボチュニクに一任された。八月一六日から二〇日までの間、ユダヤ人闘士はゲットーに向けて戦車や重火器を投入した優勢なドイツ軍と戦った。ゲットー住民三万人のトレブリンカとマイダネクへの移送は八月一八日に開始された。一二〇〇人の子供たちはテレージエンシュタットに、そしてそこからアウシュヴィッツに移送された。レジスタンス闘士の一グループ男女約一五〇名が、ビャウィストクから逃亡に成功し、彼らはパルチザンと合流した。

一九四三年四月のワルシャワ・ゲットーの蜂起は、ナチ支配者にとってさらに一層厄介なものとなった。家一軒一軒、道路一本一本をめぐる戦闘は被害甚大で、SSはユダヤ人の抵抗を四週間かかって制圧した。最後に、残存するゲットーが爆破され、焼失してしまった時のSS少将ユルゲン・シュトロープによるベルリンへの報告には、「ワルシャワにはもはやユダヤ人居住地区はまったく存在しません！」とあった。

ゲットーはホロコーストの歴史の中で、一里塚を示しており、あらゆる苦難や悲惨さにもかかわらず、そこで起こったさまざまな悲劇にもかかわらず、まだ大量虐殺の行われた主要舞台になってはいなかった。ゲットーは一九四〇年から四三年まで、絶滅の待合室、地獄の前庭、人間が殺害目的のために移送された収容所への中間滞在地であった。

7 反ユダヤ主義から大量虐殺へ——最終解決の創世記

ヒトラーの絶滅予告

一九三九年一月、ヒトラーは国会での演説で預言者の役割を演じながらこう告げた。「万一国際ユダヤ金融資本がヨーロッパ内外で再び諸国民を世界大戦へと陥れることに成功するとしても」、その時には「ユダヤ民族の勝利」で終わるのではなく、ヨーロッパのユダヤ人種の「絶滅」で終わるというのである。

ヒトラーは翌年以降もこの脅しをさらに何度も口にしたが、ヨーロッパ・ユダヤ人の根絶が初めからナチスの計画に組み入れられていたのか、あるいは大量虐殺が圧倒的大多数の賛同によって承認されたナチ政権の過激化による出来事だったのかどうか、といったありとあらゆる論争は別にしても、この絶滅の予告は悲劇を理解する鍵である。その脅しにはまず第一に、ユダヤの国際的陰謀といった理不尽な主張に見られるように、反ユダヤ主義の典型的な決まり文句が含まれており、第二に、これが第一次世界大戦を煽動したという非難へと拡大され、第三に、「ユダヤ人は」ドイツに宣戦布告したという、すでに一九三三年にプロパガンダされた（そして三九年に再度更新された）主張が背景として利用されている。三三年、これらによりボイコット運動が動機づけられ、三九年にはナチ国家の公式の隠語の中に「ユダヤ人問題の最終解決」を意味することがほのめかされるようになった。

「最終解決」をめぐるナチスの言語使用の変遷

遅くとも一九四一年の初夏から、この概念は公式にユダヤ人の肉体的絶滅を完全に意味する語となった。官僚によってつくられたこの言語の怪物は、（必ずしも常に政治的、文化的、社会的問題領域での軽蔑的な語の統合ではない）「ユダヤ人問題」という、一九世紀以来世間の会話では一般に使われているメタファーからできており、そのユダヤ人問題の「解決」は、反ユダヤ主義者、そして言うまでもなくナチ・イデオロギーの理解では常に排除することであると考えられており、ナチ政権のますます強まる権力展開につれて過激化していったのである。

「ユダヤ人問題の解決」がすなわち反ユダヤ主義者にとってまさに前提条件であり、まだ漠然とした内容しかないナチ・プロパガンダのメタファーであったとすれば、その概念は一九三三年以降、公民権剥奪、排斥、差別、追放といった措置（最も明瞭なのは三五年のニュルンベルク諸法およびそれに続く諸規則）によって中身を持つようになり、最終的には「ユダヤ人問題の最終解決」という形で、ドイツ支配圏にいる全ユダヤ人に対する大量虐殺の同義語へと結晶した。

ユダヤ人を苦しめ、辱める段階から追放と絶滅への転換点となった一九三八年の一一月ポグロムの後、その概念は官庁用語の使用をみると「全面解決」ないしはユダヤ人問題の「最終的」解決というものに拡大した。しかしこの意味上の過激化には、おそらく「特別処置」という概念を用いた場合に明らかに対応していたと思われる、当初決められていた内容は、対応しなかった。この言語使用の展開に関して鍵となる記録文書は、元帥、四か年計画全権、国会議長ゲーリングが、四一年七月三一日付で保安警察および保安部〔ＳＤ〕長官ハイドリヒに立案の全権を与えた「任命書」である。「貴殿にすでに三九年一月二四日付の命令で委任した、ユダヤ人問題を国外移住ないしは疎開という形で時代情勢に見合う、可能な限り有効な解決に導くという任務の補足として、ヨーロッパのドイツ勢力圏におけるユダヤ人問題の全面解決のために、組織、実務、物資面で必要なあらゆる準備を行うことを、ここに貴殿に一任する。その際、他の中央諸官庁の権限に抵触する場合、これらの諸官庁を参加させる必要があろう。さらに、達成目標であるユダヤ人問題の最終解決を実行するために組織、実務、物資面での予備措置に関する全体構想を近日中に私宛てに提出するよう、貴殿に一任する」。

追求してきた目標に関しては、この記録文書の文面からは必ずしもまだはっきりしない。ユダヤ人の国外移住の促進が意図されていた一九三九年一月付の命令に立ち返ってみるとすでに、個々人に国外移住の圧力が及ぶ中で、「全面解決」には、移送される者と彼らの新たな移住地とをセットにした大量移送による移住という目標があったという推測が裏づけられるであろう。大量虐殺の決定がすでに下されていたということは、この時点ではまったくありえなかったのであり、歴史家の間ではとうの昔から議論の余地がないのである。ソ連への奇襲攻撃後（四一年六月二二日）、行動部隊傘下の殺人部隊がバルト諸国、ウクライナ、ベラルーシ、ロシアで用意周到のうえで活動を開始したという事実が、反論できない証拠となっている。すでに「最終解決」の概念の語義変化が生じていた証拠は公文書にも見られる。四一年五月二〇日に回状ですべての国家警察（指令）本部に、そして通信でSD地区司令部に伝えられた国家保安本部の命令には、「疑いなく到来するユダヤ人問題の最終解決への」明確な言及が二度出てくる。このことはそれまで実際に実行されていたユダヤ人政策の強化をまさに意味したのである。その命令のきっかけが、ベルギーやフランスで生活しているドイツ系ユダヤ人がドイツ国内の役所で海外への移住に必要な品行証明書、パスポートなどの証明書や文書を申請したことにあった点で、この通達はきわめて興味深い。国家保安本部管轄下にある役所は、そのような申請には応じないようにと指示された。そしてさらに国家保安本部の命令には一般的に次のようにあった。「我々によって占領された地域へのユダヤ人の移住は、疑いなく到来するユダヤ人問題の最終解決に鑑み、阻止されなければならない」。ユダヤ人国外移住の阻止には、ユダヤ人を自由に取り扱うことができるように、つまりユダヤ人を絶滅するために、彼らをドイツ支配圏に引きとどめようとする願望以外に、まだ他にいかなる目的がありえたのであろうか。

「最終解決」という専門用語が、遅くとも一九四一年の初夏以降もはや絶滅以外の何ものをも意味しないということがかなりの確度で仮定できるとすれば、いつ語義の変化が起こったのかが問われなければならない。四〇年六月二四日ハイドリヒはリッベントロプ外相に一通の書簡を送ったが、その中で彼は「ドイツ全領土からのユダヤ人国外移住の実施」に関する自己の権限について言及した（ハイドリヒは三九年一月のゲーリングによる委任を根拠にし、万一「最終解決」という複合問題に関する協議が外務省で行われる場合、自分が招かれ、意見を求められなければならないとはっきりと表明した）。三九年一月一日から総勢二〇万人のユダヤ人がドイツ国領土から国外移住したが、しかし「問題全体は——今日ドイツ統治権下の領土にいる約三二五万人のユダヤ人がすでに問題であるが――もはや国外移住によっては解決することができない。そのため領土による最終解決が必要となるのである」。

大衆文化の中のマダガスカル計画

国家保安本部長官が言う「領土による最終解決」とは、一九四〇年春から計画の対象であった「マダガスカル構想」を意味していた。東アフリカ沖に位置し、ヨーロッパ人にとっては耐えがたい気候のフランス植民地の島にユダヤ人を定住させるという考えは、一九世紀以来反ユダヤ主義的文献の中に見受けられる。この考えは両大戦間期にとりわけ英国の作家たちによってもまた議論され、三七年にはフランス・ポーランド交渉の対象となった。その結果、ポーランド側委員会は、ポーランドからのユダヤ人移住者の定住の可能性を現地調査した。ポーランド人による状況調査はある程度信頼できるものだったと想定してよい。それによると委員会メンバーであるレペツキの見解では、せいぜい四万から六万人の人間しかマダガスカル高地に定住させることができないということであり、それに対して、もう一人のメンバーであるレオン・アルターは、せいぜい二〇〇〇人程度のユダヤ人しかマダカスカルには定住させることができないだろうと考えていた。

ドイツの一般大衆は時々マダガスカル計画に向き合わされた。たとえば札付きの悪党である反ユダヤ主義者ユーリウス・シュトライヒャーは、一九三八年一月、またしても以下のような移送計画の宣伝活動を行った。「数年前『シュテュルマー（突撃者）』紙で、フランスの植民地マダガスカル島へのユダヤ人移送はユダヤ人問題解決の一つの可能性であるということが論じられた時、我々はユダヤ人やユダヤ人の同僚たちに嘲笑され、非人間的だと言われた。今日我々の提案はすでに外国の政治家の頭の中に入っている。フランス外相デルボスがワルシャワで行った協議で、ポーランド国民にも重くのしかかっているユダヤ人問題が討議されたということを日刊紙は報じている。そこでは、ユダヤ人余剰人口の一部をポーランドからマダガスカルへ移すことができないかということも問題になったそうである。いずれにせよ、新生ドイツは救済へ至る途上にある。ドイツが救済されれば、世界が救済されるだろう。永遠なるユダヤ人からの救済である」。

マダガスカル計画は慈善事業構想などでは決してなかった。このことは、ナチ党切ってのイデオローグであるアルフレート・ローゼンベルクが一九三九年二月七日に外国報道陣の代表や外交官を前にして行った演説でも明らかとなった。その席上、彼はなぜパレスチナが「将来を展望した移住政策にとって問題に」ならないのか、そして全世界へのユダヤ人個々人の移住と同様に望まれえないのかを、詳細に根拠を挙げて、「マダガスカルないしはギアナにユダヤ人特別居留地を創設することによってユダヤ人問題を解決するという提案」を展開した。アラブ人に対してローゼンベルクの共感が向けられたのは別にして、パレスチナにシオニズム国家は望ましくなく、危険であると彼はみなした。それは「中近東の全ユダヤの権力中枢」を意味し、これが全世界の支配を目論むユダヤ人の作戦基地として機能しうるからである。「要するにパレスチナもまた真にコンパクトなユダヤ人定住地の解決策としては問題にならず、分散した国外移住は問題を解決しないばかりか、人種的、政治的にヨーロッパや他の国々に対して極めてたちの悪い危険を引き起こすので、ユダヤ人をひとまとめにして定住させるために、民主主義諸国が自国内に隔離した広大な土地を用意する意思があるのかどうか、そしてどこになるのか、まさに解決すべき唯一の問題として残っている。この土地にはユダヤ人一五〇〇万の収容能力を見込まなければならないだろう」。

ユダヤ人をひとまとめにして僻地でゲットーに隔離するという考えは、最初から絶滅という夢物語の要素を含んでいた。熱帯気候によって、絶滅することはなくても、少なくともユダヤ人の多くが死ぬだろうという確信から、「胡椒が育つ〔できるだけどこか遠い所の、という意味〕」土地をユダヤ人に与えようと考えられていたのは偶然ではなかった。したがってマダガスカル以外にギアナも時々討議に上った。ユダヤ人特別居留地として極寒の無人の原野アラスカも話し合いに上っており、また一九世紀末に反ユダヤ主義作家カール・パーシュが殺害の可能性の一つとして別の流刑地をすでに提案していた。ユダヤ人問題の最も簡単で最も現実的な解決策は絶滅であるが、このようなことはドイツではおそらく起こりえず、実行不可能だと思われたので、彼は次善策として、ユダヤ人をニューギニアへ移送することを勧めた。この解決策は一八九二年ダンツィヒで刊行された『アンティゼミーテンシュピーゲル（反ユダヤ主義者の鏡）』の中で発表されていた。

マダガスカル計画の推進

一九四〇年、マダガスカル構想は数週間にわたって大真面目に推し進められた。ドイツがフランスに勝利を収め、イギリス打倒がまさに目前に迫っていると思われていた頃、外務省では公使館書記官ラーデマッハ（彼はドイツ局ユダヤ人課DⅢで働いていた）が、フランスから割譲される予定のマダガスカル島をドイツ統治権下でユダヤ人ゲットーとして整備することが可能か、計画を練った。植民地獲得の見通しが、実際は移送計画であった定住構想を早めたが、一方で総督領ルブリン地方行政区にユダヤ人特別居留地を設立しようとする、熱の入っていない試みが、組織的理由から失敗に終わっていたことも、四〇年春には明らかとなっていた。技術的問題に加えてポーランド占領地域総督ハンス・フランクの抵抗があった。彼は自分の統治地域へのユダヤ人移送に抵抗していた。一九四〇年七月一二日にクラクフで、彼は管轄部局長たちを前に告知した。「また非常に重要なことは、総督領へのユダヤ人移送はもはやこれ以上行われないという、我が提案に基づいて下された総統の決定である。そのうえ一般的な政策論として私が言いたいことは、ドイツ国、総督領、保護領にいるユダヤ人の連中はすべて、平和条約締結後に考えられうる限り最短期間で、アフリカないしはアメリカの植民地へ移送が計画されていることである。考えられているのはマダガスカルであり、この目的のためにフランスは割譲すべきなのである」。

ハンス・フランクは併合した西ポーランド地域から総督領へのユダヤ人の強制移住にとりわけ抵抗した。ゲーリングもまた経済的理由からそのような移送には反対であると主張した。SSの長官であり、人種政策の観点から住民移住を管轄している「ドイツ民族性強化特務官」でもあるハインリヒ・ヒムラーは、一九四〇年五月に悪名高い文書の中で「東部における異民族の取り扱いについて」次のように認めていた。「私はユダヤ人という概念が、アフリカか、さもなければ植民地へ全ユダヤ人を大量移住させることによって、完全に消滅するのにお目にかかりたいものである」。

ラーデマッハ公使館書記官の指揮監督下、マダガスカル計画は外務省内で具体化していった。一九四〇年六月には知恵を絞った結果、（a）ヨーロッパからの全ユダヤ人の追放、（b）西欧ユダヤ人と東欧ユダヤ人の区分が検討された。その際東欧ユダヤ人は「アメリカのユダヤ人を封じるために」、「ドイツの手中（ルブリン？）に置かれる担保として」とどめておく一方で、西欧ユダヤ人はマダガスカルへ移送されることになっていた。本来の立案計画は当然のことながら国家保安本部で推進された。四〇年六月二四日、リッベントロプに対して「ユダヤ人問題の最終解決」に関する自らの権限をさらにはっきりと確認したハイドリヒは、第Ⅳ局B4課課長アードルフ・アイヒマンに詳細な文書の完成を一任した。四〇年八月一五日、外務省は完成した計画文書を受領したが、その冒頭で言及されたのは、ドイツ国領土（「ボヘミア・モラヴィア保護領」も含む）内での「ユダヤ人問題の解決」は、至る所で障害が噴出しているため、国外移住によって「近い将来終息させるのは困難であり」、「東部の大量のユダヤ人が加わった」後では「国外移住によるユダヤ人問題の解決は不可能になる」ということであった。したがってドイツ支配地域の四〇〇万のユダヤ人はマダガスカルに集められなければならないのであり、それは「他民族がユダヤ人と絶えず接触することを回避するために、島という地理的特徴を備えた海外での解決策は他のどの解決策よりも好ましい」からである。

「ドイツ統治権下のユダヤ人居住地」設立のためのマダガスカル計画は、ユダヤ人追放という考えからユダヤ人絶滅という考えへ至る決定的な第一歩である。考案者たちの見解によると、その居住地は「警察国家として内陸部に設立され」、強制収容所の特徴を備えた事実上大規模なゲットーのようなものだったらしい。そしてその計画には後に行われる移送および絶滅を実行するすべての要素、すなわち移送の際のユダヤ人組織への協力の強制、移送前のユダヤ人所持品の略奪（「財産のリストアップとその活用」）、ひどく劣悪な条件下での移送がすでに含まれていた。したがって「かさばらない」荷物が一人につき最大二〇〇キロまでしか許されておらず、毎日一五〇〇名ずつ二回の船舶移送で、一年につき一二〇隻の船舶と六〇日の移送日程がかかるとして、年間一〇〇万人のユダヤ人を移送することになっていた。四〇〇万人という数を見込んでいた場合、この計画は貫徹するのに四年かかる予定であった。資金調達には、「ヴェルサイユ条約の影響が及ぶにつれ、ユダヤ人によってドイツ国に加えられた経済的およびその他の損害に対する補償として、平和条約を契機に西欧列強諸国に定住しているユダヤ人」に課される分担金がとりわけ充てられることになっていた。船舶の積載量は、「ユダヤ人問題解決の目的のために」相応の条項が盛り込まれる予定になっていたイギリスやフランスとの平和条約の枠組みの中で、確保することが望まれていた。

マダガスカル計画の終焉

イギリスへの勝利という基本的な前提条件が欠けたので、マダガスカル計画は一九四〇年八月の完成後まもなく紙くず同然となった。この計画は、ユダヤ人政策をより人道的だと思わせる幻影として、まだしばらくの間はプロパガンダやドイツの外交政策において、とりわけ真の意図を隠蔽するのには有効であった。その間に公使館参事官に昇進したラーデマッハは、四二年二月――ヴァンゼー会議の直後――マダガスカル計画の幕を閉じた。彼は外務省政策局アフリカ担当官ビーフェルト公使に書簡を送った。「一九四〇年八月、貴殿にユダヤ人問題の最終解決に関する当部局による起草計画のファイルを手渡しましたが、それによるとマダガスカル島を平和条約によってフランスに要求し、その任務の実際の遂行は国家保安本部に一任されることになっていました。この計画に従ってSS中将ハイドリヒは、ヨーロッパにおけるユダヤ人問題解決の実行を総統から一任されていました。対ソ戦の戦況によって、この間最終解決のために他の領土を自由に使用できる可能性が生じたのです。それに従って総統は、ユダヤ人はマダガスカルではなく、東部に追放すべきであるという決定を下されました。それゆえマダガスカルをもはや最終解決に組み入れる必要はないのです」。

もしマダガスカル計画が絶滅モデルとして特徴づけられ、この中で「最終解決」という専門用語もその後の決定的な意味で使用されているとしても、異国という非現実的な場所と仮定の立案計画のために、この計画には大量虐殺の意図を証明する決め手が欠けている。「ユダヤ人問題」という題名でまとめられた、一九四〇年一二月のあまり知られていない記録文書は、これらの意図と同時に、計画された規模に関して比較的はっきりと示している。重要なのはメモや覚書であり、明らかにSS全国指導者ヒムラー列席のもとでの講演を契機にまとめられたものだと思われるが、ユダヤ人の人口移動の数（旧ドイツ国〔一九三八年のオーストリア併合以前のドイツ〕、「オストマルク〔オーストリア地域〕」、「保護領」からの移住と西ポーランド地域からの「疎開」）に触れている。意図的に「ユダヤ人問題」は明白にかつ疑いの余地なく二つの段階に区分される。すなわち「（ユダヤ政治組織から保安警察およびSDへの主導権の移行による）国外移住によるユダヤ人問題の最初の解決」と「ユダヤ人問題の最終解決」とにである。この題名のもとには簡潔に次のように書かれていた。「ドイツ民族のヨーロッパ経済圏から、今後決定される予定の領土へのユダヤ人の移住によって。この計画の枠内ではおよそ五八〇万のユダヤ人が問題となる」。

追放から絶滅へのユダヤ人政策の過激化がすでに始まっていたとしても、その実行の機会だけがまだ欠けていた。ソ連への奇襲攻撃とともに、一九四一年六月以降、大量虐殺の立案者たちが待望していた前提条件が生まれたのである。

8　東部での大虐殺

――占領地域における「行動部隊《アインザッツグルッペン》」とその他の殺人部隊（一九四一、一九四二年）

行動部隊の任務と戦術

ドイツ〔旧ドイツ本土〕および、ドイツ国によって併合された領土や近隣諸国、すなわちオーストリアや東部編入地域、ボヘミア・モラヴィア保護領、総督領、ついで西および北ヨーロッパの占領地域、最後に南および南東ヨーロッパからのユダヤ人移送が準備され、ないしは計画されている一方で、すでに絶滅機構の一部はロシアへの軍事行動の開始（一九四一年六月）以来「保安警察およびSDの行動部隊《アインザッツグルッペン》」という形で存在していた。これはSS全国指導者ハインリヒ・ヒムラーの最高指揮権下にある部隊であり、一九四一年春の命令にあるように、「自らの責任において一般市民に対して執行措置を講ずるという任務の範囲内で」権限が与えられている部隊であった。これはまったく文字通りに解してよかった。というのは行動部隊には「世界観上の敵対者」、すなわちソヴィエト共産党幹部、「党や国家の地位にあるユダヤ人」、その他「急進分子」を抹殺する任務があったからである。これはポーランド侵攻時に、さらにオーストリア併合後やチェコスロヴァキア侵攻後にも、保安警察の出動部隊が知識人、聖職者、政治家などのような潜在的敵対者を抹殺する時に、すでに試みられていた。ロシア侵攻開始後の一九四一年夏以降、行動部隊――総勢三〇〇〇人で四部隊あった――は、殺人部隊として行動し、バルト諸国（行動部隊A）、ベラルーシ（B）、ウクライナ（C）、クリミア（D）の一般市民の間でほとんど想像を絶する規模の大量殺戮を行った。四一年六月から四二年四月の間に行動部隊によっておよそ五六万の人間が殺害された。その中には侵略された地域のユダヤ人市民が事実上全員含まれていた。男、女、子供が森や野原に追い立てられ、射殺され、大きな壕に埋められた。

行動部隊はナチズム的な意味ではイデオロギーの執行任務を帯びたエリート部隊であった。殺人部隊には指導的地位に高等教育を受けた者が参画していた。行動部隊Aの隊長シュターレッカー博士は、九か月で二二万九〇五二人の殺人という結果（国家保安本部の「ソ連事件報告」に基づく）を残したのだが、SS少将兼警察少将であった。一一名の法律家（このうち九名が博士号所持者）が彼の参謀であった。行動部隊には保安警察（ゲスターポや刑事警察）、SS全国指導者の保安部（ＳＤ）や武装ＳＳから人員が募集された。さらに徴用された民間人スタッフ（たとえば通訳者）が加わり、行動部隊は、その「作戦行動」の際にはラトヴィア人、リトアニア人、ベラルーシ人から徴募され、援護隊という名称で殺人に協力した現地の補助警察によって支援された。

行動部隊の戦術の一つは、現地の民兵団の助けを借り、流布している反ユダヤ主義感情を利用しながら、全ユダヤ人住民に対するポグロムを煽り立てることであった。当時のリトアニアの首都カウナス（コヴノ）では、ドイツ軍侵攻直後の一九四一年六月末に次のようなことが起きた。「一五〇〇人以上のユダヤ人がリトアニアのパルチザンによって始末され、いくつかのシナゴーグが放火、ないしはその他の方法で破壊され、およそ六〇軒の住宅があるユダヤ人居住地区が焼失した」。このような報告をシュターレッカー博士は行った。

ラトヴィア第二の都市リエパヤでは、野次馬（その中には多数の国防軍兵士や将校を含む）も積極的に加わり、一九四一年七月から四二年一二月末までの間に多くの個別的な「処刑」によって二七三一人のユダヤ人成人男女や子供が殺害された。

キエフから七〇キロ離れた所にあるベーラヤ＝ツェルコフィでは、一九四一年八月に武装ＳＳとウクライナ民兵団が合同で数百人のユダヤ人男女を射殺していた。その少し後に彼らの子供たちもトラックで射殺場に運ばれ、そこで殺された。生後数か月から五、六歳までのおよそ九〇人の幼児は、ウクライナ人「自衛団」に監視されて、悲惨な状況下で、食糧も水もなく、とり残された。国防軍は二人の従軍聖職者の介入によって行動を起こし、問題の解決策を模索した。

グロースクルト中佐は第六軍最高司令官フォン・ライヒェナウ陸軍元帥にベーラヤ＝ツェルコフィの経過について報告し、部隊は「無防備な住民に対して暴力や粗暴な行動をとらない」立派な兵士魂を持つように訓練されている、と伝えた。女性や子供の処刑は敵の残虐行為と変わらないものとした。このように作戦行動に対して不賛同を示した後で、しかしながらこの将校は次のような結論に達せざるをえなかった。「この町のユダヤ人全員を銃殺したことで、ユダヤ人の子供、特に乳飲み子をやむをえず始末する必要性が生じました。本来これは、このような非人間的な苦しみを与えないために、両親の殺害と同時に直ちに行われていなければならなかったのです」。ライヒェナウ将軍はこの報告に不満をあらわにした。彼は「敵の残虐行為」とドイツ軍の行動との比較は不適当であり、同様に所見を公開書簡で読まねばならないということも不適当であるとした。そして「その報告はそもそも行われない方がよかった」とした。幼児たちは少したってから射殺された。その命令を受けたSS部隊指揮官は、部下たちの気持ちを察して、ウクライナ人にその殺人作業をさせる提案をした。そしてそのように行われたのであった。

いわゆる「自発的な」ポグロム、すなわち公衆の面前で殺人が演出され、ついで銃殺が組織的に行われた。最大の大虐殺はキエフで起こった。この殺人行動は、その規模は別にして、東部地域での行動の典型的なものであった。バルト諸国やベラルーシ、ウクライナやロシアでは、キエフと同様な方法で、ユダヤ人が「抹殺」された。

バビ・ヤールの大量虐殺

一九四一年九月二八日、キエフの住民は、この市と周辺地域の全ユダヤ人が翌日移住のために出頭要請されているのを、ロシア語、ウクライナ語、ドイツ語で書かれた張り紙で読んだ。「持参すべき物――書類、金銭、貴重品ならびに防寒服、下着など。ユダヤ人でこの命令に従わない者および他の場所で発見された者は、射殺に処される」。集合場所は貨物駅近くの交差点、時刻は午前八時と指示された。本当に疎開行動が始まるようであった。実際に計画されていたことは、ベルリンにある殺人本部の記録資料で確認することができる。「ソ連事件報告」という一連の報告書の九七号には次のようにある。「申告によると一五万人のユダヤ人がいると推定される。この申告の確認はまだできない。最初の行動で一六〇〇人逮捕、全ユダヤ人登録のための措置の導入、少なくともユダヤ人五万人の処刑を予定。国防軍は措置を歓迎し、断固とした措置を講ずるよう請う」。

一九四一年九月、ドイツ軍部隊はウクライナの首都キエフに入城行進した。行動部隊C所属の「第4a特殊部隊」は国防軍のすぐ後に続いた。国防軍はその日以降の事件に加わっていた。確かに殺人行為自体にではないが、封鎖措置や安全対策に参加しており、最後に工兵が証拠隠滅に加勢した。キエフのユダヤ人への不意打ちは、まったく期待以上の成功を収めた。ユダヤ人たちは鉄道でソ連の奥地へ疎開させられると信じ込んでおり、移送の際によい座席を得ようと、早くから集合場所に行こうと思っていた。「当初約五〇〇〇から六〇〇〇〇人のユダヤ人の参加しか見込んでいなかったのだが、三万人以上のユダヤ人が出頭し、組織として非常に手際よく動いていたので、彼らは処刑の直前まで移住であるとまだ信じ込んでいた」というSSの報告から明らかなように、殺人者たちはこのこと自体うまくいくとは微塵も思っていなかった。

たいていの者は、キエフ郊外にあるバビ・ヤールの谷間へ向けて徒歩行進が始まった時、まだ何も予感していなかった。人々の流れはやがて見通せないほどになった。しかし殺人者たちは自らの成果を示そうと一人ひとりを記録していたのであった。協力者としてウクライナ人、つまり警察官や、補助警察官に任命されたナチ占領政権の同調者が雇われていた。

犠牲者の所持品の搬出を命じられていたドイツ人トラック運転手は、その行動の一部始終を見ていた。「私はよく見ていたのです。……到着したユダヤ人――男、女、子供ら――がウクライナ人たちに出迎えられ、先導されて途中でいくつかの場所に立ち寄ったのですが、そこでまず荷物、ついでコート、靴、上着を次々と引き渡し、それから下着も脱がなければならなかったのです。同様に所定の場所で貴重品も手放さなければなりませんでした。衣類ごとにものすごい山ができていました。万事は非常に速やかに運び、ぐずぐずしている人がいる所では、ウクライナ人の足蹴や鉄拳が飛んできて、進行を後押ししていました。一人ひとりがコートを引き渡してから完全に裸の状態になるまでには、一分もかからなかったと思います。そこでは男、女、子供の区別はなされませんでした。……服を脱がされたユダヤ人は奥行き一五〇メートル、幅三〇メートル、深さはゆうに一五メートルはある谷間に連れていかれました。この谷間には二、三の狭い道が通じていて、ここをユダヤ人たちは通り抜けさせられたのです。彼らが谷間の縁に着くと、治安警察の職員によって捕らえられ、すでに射殺されたユダヤ人の死体の上に寝かされました。万事がとても素速く行われました。死体は整然と積み重なっていました。ユダヤ人が寝かされると、自動小銃を持った治安警察の射手が来て、横たわっているユダヤ人のうなじを撃ち抜き射殺したのです。谷間に入ってきたユダヤ人はこの身の毛のよだつ光景を目にして肝をつぶし、完全に我をなくしたのです。そのうえさらに、ユダヤ人が自ら整然と並んで横になり、撃たれるのを待っているということが起きたそうです。……犠牲者たちが谷間に至る道を通ってきて、最後の瞬間にこの恐るべき光景を目にして、恐怖の叫びを上げました。しかし次の瞬間にはもう……突き倒されていて、他の者たちの上に横たわっていました。それは角を曲がった所で行われていたので、後続の者たちはこの恐ろしい光景をすぐに目にすることはできませんでした」。

第4a特殊部隊所属の殺人者の一人は四半世紀後にドイツの法廷で、いかなる方法で殺人事件に関与したかを調書で供述しただけでなく、殺人者たちにのしかかっていた精神的負担への理解を求めた。「私は処刑の場所に到着後すぐに、他の同僚たちと一緒に下の窪地へ降りていかねばなりませんでした。それほど時間がたたないうちに、もう最初のユダヤ人たちが谷間の斜面を横切って我々の所に連れてこられました。ユダヤ人たちは顔を地面に向けて窪地の側面に沿ってうつ伏せにならなければなりませんでした。窪地には三組の射殺班がいて、総勢でおよそ一二人の射手がいました。同時にこの射殺班のもとには上から絶えずユダヤ人が連行されてきました。後続のユダヤ人は先に射殺されたユダヤ人の死体の上に横たわらなければなりませんでした。射手はその都度ユダヤ人の背後に立って、うなじを撃って殺害しました。ユダヤ人が上の穴の縁から初めて下の死体を見た時、いかなる恐怖に襲われたか、私は今日でもまだ覚えています。ユダヤ人の多くは恐怖のあまり大きな叫び声を上げました。下でこの汚れた仕事を実行するにはどんなに強い精神力が必要であったか、誰もまったく想像できないでしょう。それは恐ろしいことでした。……私は午前中ずっと谷間の底にとどまっていなければなりませんでした。そこでしばらくの間繰り返し銃を撃ち、それから自動小銃の弾倉にせっせと銃弾を込めることをしていました。この間に他の同僚たちが射手の配置に就きました。昼頃に我々は窪地から出てきて、午後は上にいる他の同僚たちとユダヤ人を窪地に連れていかねばなりませんでした。その間、下にいる別の同僚たちは窪地で銃を撃っていました。ユダヤ人たちは我々に窪地の縁まで連れていかれ、それからは自ら斜面を駆け下りていきました。この日すべての射殺が終了したのは大体午後五時か六時頃だったのかもしれません。その後我々は再び宿舎に戻りました。この晩もまたシュナプス〔強い酒〕が出ました」。

このような殺人が二日間続いた。ベルリンへの報告、すなわち一九四一年一〇月二日付の「ソ連事件報告」一〇一号には、この結果が軍隊調の簡潔さでまとめられている。「第4a特殊部隊は師団幕僚および南部警察連隊二部隊の協力を得、四一年九月二九・三〇両日、キエフで三万三七七一名のユダヤ人を処刑した」。

射殺された者の数は実行者、傍観者、若干の生存者の証言からみても間違いない。特殊部隊のメンバーは、市民生活では警察官であったのであり、もしかしたら、他の殺人者たちとも同様に、家ではおそらくよき父親で、動物好きで、クラブの会長であったり、親切な隣人で、陽気な常連客仲間であったかもしれないが、自分の義務を果たしたにすぎず、拒否できない命令に従ったまでだ、といった調子で報告している。「処刑後三日目に我々はもう一度処刑地に運ばれていった。到着すると我々は、一人の女性が茂みのそばに座っていて、見たところ無傷で処刑を免れていたのを、目にした。この女性は我々に同行していたSDの者——名前は知らないが——によって射殺された。さらに、死体の山からもう一人の人間が手で合図するのが見えた。それが男なのか女なのか、私にはわからなかった。……この日以後私はもう処刑地には行かなかった。その後数日間、私たちは射殺されたユダヤ人の所持品から得た、しわくちゃになった紙幣を伸ばす作業に従事していた。総額で数百万はあったに違いないと思う。その金がどうなったか、私は知らない。袋に詰められ、どこかに送られた」。

翌日以降、死体は土をかけて埋められた。国防軍工兵部隊は谷間の斜面を爆破する任務を命ぜられた。この谷間は爆破により巨大な共同墓地となった。SSの公式事件報告では次のようにある。「ユダヤ人に対して実施された『移住措置』は住民の完全な同意を得た。ユダヤ人が実際に抹殺されたことは、今日までほとんど知られておらず、これまでの経験からしても反対されることはほとんどないであろう。実施された措置は国防軍によっても同様に是認された」。

ババ・ヤールの殺人はさらに一九四三年八月まで続いた。この悲劇は、強制収容所のユダヤ人四人に無理矢理死体を掘り返させたことで終幕を迎えた。にわかづくりの炉の上で死体が焼かれ、灰の中の燃え残った骨片は細かく砕かれ、すり潰された。ウクライナからのドイツ人の撤退後、その犯罪を想起させるようなことは何もなかったかのようにしておかなければならなかった。東部での大量虐殺の痕跡を消すのは、四三年春以降、SS大佐パウル・ブローベル指揮下の「第一〇〇五特殊部隊」の任務であった。彼は、四一年九月のバビ・ヤール大量虐殺に責任を負った部隊の隊長でもあった。ブローベルは四八年にニュルンベルクで死刑を宣告され、五一年にランツベルクで処刑された。

他地域での大量虐殺

ユダヤ人の大虐殺は比較的公然と、国防軍や占領地民政官庁の承知のうえで行われていたのであり、決してSS部隊単独によるものではなかった。一九四二年七月一三日、第一〇一警察予備大隊の隊員がポーランドのユゼフフで、命令通りに一五〇〇人のユダヤ人の男、女、子供のうなじを撃って殺害した。大隊指揮官はその命令に絶望し、平素は公安警察官である実行者たちは、その不当な要求に憤慨し、気が滅入っていた。ゲットー撤収、「ユダヤ人狩り」（隠れたユダヤ人を見つけだし、殺すこと）、マイダネクやポニャトヴァでの大規模作戦行動の際などの、ルブリン地方行政区でのその後の大虐殺で、男たちは殺戮に慣れていった。戦後、通常の仕事——主としてハンブルクの警察勤務——に戻った五〇〇人足らずの人数で、ポーランド領で少なくとも八万三五〇〇人の殺人に関与していたのであった（六〇年代にかつての大隊隊員二一〇名が尋問され、うち一四名が告訴され、その若干名が軽い刑を宣告された）。

しかし、ユダヤ人の大量虐殺は東部占領地域だけで行われていたのではなかった。ドイツ軍部隊が一九四一年四月から戦争を行い、占領支配が及んだユーゴスラヴィア（クロアチアは法的にファシズム独立国家になっており、セルビアはドイツ軍政下にあった）では、ホロコーストへの展開が同じモデルで進行していた。セルビアでは四一年には一万七〇〇〇人のユダヤ人が暮らしており、彼らはドイツ支配下で差別、公民権剝奪、完全没収といったすべての段階を経験しなければならなかったが、その唯一の違いは、他の地域に比べるとはるかに早いペースであったという点である。マークの着用から肉体的絶滅まで時間はわずかしかかからなかった。ドイツ占領から一年後、セルビアでは「ユダヤ人は皆無」となった。

またポーランドならびに他の東部地域との相違点は、ゲットー化の段階を経なかったことと、他の地域よりもユダヤ人絶滅に国防軍がより積極的に関与したことであった。パルチザン撲滅という口実のもとで、ユダヤ人やロマは人質に取られ、軍事的「討伐」の進行過程で銃殺された。国防軍、軍政当局、外務省（この代表者としてベオグラードではユダヤ人問題担当官ラーデマッハが活動していた）の協力のもと、多数の作戦行動でユダヤ人やロマの男性たちが銃殺された。ヴァルター中尉は一九四一年一一月一日付で、第四三三歩兵連隊隊員による「ユダヤ人およびジプシーの射殺」の件で次のように報告した。「穴を掘ることに時間の大部分が費やされたが、射殺自体は非常に速やかに進行し（四〇分で一〇〇人）……ユダヤ人の銃殺はジプシーの銃殺よりも簡単である。ユダヤ人はまさに覚悟を決めて死んでいく――彼らは非常に落ち着き払って立っている――と認めざるをえない。それにひきかえジプシーは、銃殺地点に立たされている時からすでに、大声で泣き叫び、絶えず動いている」。

女性や子供はサイミステ強制収容所に収容された。かなりの数の老人と五〇〇人の当初強制労働用に募っていた男たち、それからおよそ三〇〇人のロマの女性と子供を含めて、そこには約七五〇〇人がいた。彼らは一九四二年三月から五月までの間に、サイミステからベオグラードの中心部を通過して、ヤインツェへ向から走行中のガス・トラック内で殺され、到着後死体が降ろされ、穴に投げ込まれていた。ベルリンからベオグラードへ出動要請を受けていたガス・トラックは、その後ベルリンへ戻され、そこで分解修理され、すぐにベラルーシ（ミンスク）に再投入された。

9　ドイツからのユダヤ人の移送

国籍・財産の喪失

一九四一年秋、ナチスのユダヤ人政策の最終段階は、官僚的に統制され、細部に至るまで計画に組み入れられた、ドイツからの組織的なユダヤ人移送によって始まった。それは今や目標を達成すべく、もっぱらヨーロッパのユダヤ人を絶滅させることに向けられていた。

その準備は徹底して行われ、一九四一年一〇月半ばに完了した。その後各地でユダヤ人は、「疎開」のため、集合場所への出頭要請書の写しを受け取った。彼らは、「東部での定住のため」何を持っていくべきか、どのような状態で住まいを空けておかなければならないか（電気、ガス、水道料金は出発前に支払いを済ませておかねばならなかった）といった行動規則集を受け取った。「疎開番号」の交付と同時に、彼らの全財産は四一年一〇月一五日まで遡って国家警察に押収されているということ、「この時点以降該当する財産処分（贈与や売却）は無効」であるということが、通知されていた。さらに財産申告書の作成が命じられた。それには、その間に売却されたり、贈与されたりした物品についても、新たな所有者の氏名や住所とともに記入しなければならなかった。財産目録には債務証書、有価証券、保険証券、売買契約書などの重要書類はすべて添付しなければならなかった。

このように告知されたユダヤ人財産の略奪は、略奪される側に官僚の下働きをするよう強要したものであるが、一九三五年の「ニュルンベルク諸法」の一つである「ドイツ国公民法」第一一令により形式的に合法化されていた。これらの実施命令によってユダヤ人の権利は次々と制限されており、最終的には適時に国外移住できなかった者全員をゲットーや死の収容所に追いやった。四一年一一月二五日に発効した第一一令は、いかなる状況下でユダヤ人がドイツ国籍を失うのかを定め、細目にわたって定義した。この国籍喪失は「通常の居住地を外国へ移すこと」によって自動的に発生する。この規定の目的は明白であり、第三条には次のようにある。「ユダヤ人の財産は……国籍の喪失とともに帝国に帰属する」。この規定に抜け道を見いだす可能性をすべて排除するために、国家保安本部のユダヤ人問題担当部局――すなわちベルリンのゲスターポ中央本部――はユダヤ人の動産に関する処分制限を発動した。四一年一一月二七日付のこの命令も、四一年一〇月一五日に遡って適用された。その意図は、ユダヤ人移送の前に財産の移動を阻止することにあった。

国籍や財産の遡及的喪失を規定する法的構造がすでに十分疑わしいものだとしても、さらに言えるのは、「通常の居住地」を外国へ移すことはもはやユダヤ人の意向によるものでは決してなかったということである。まだ一九三八、三九年にはナチ当局によって強行されていた国外移住は、四一年秋には公式に禁止され、疎開も、たとえ当事者が自分自身の身に何が起こるのかまだ知らなかったにしても、決して自ら求めていたことではなかった。ドイツのユダヤ人を捕らえることに利用した網の最後の抜け穴を塞ぐこと、つまり最終的にユダヤ人の存在を抹消するために、内務省は四一年一二月初めにドイツ国公民法第一一令実施のための秘密指令の中で、移送事態に備えて「外国」の概念を定義した。「国籍喪失および財産失効は……ドイツ軍占領地域、ないしはドイツ行政管理下地域に通常の居住地を有するか、今後そこを居住地とする、特に総督領やドイツ国弁務官領オストラントおよびウクライナに居住地を有するユダヤ人に適用される」。

ユダヤ人追放作戦

ドイツからユダヤ人を追放する枠組みがこれらの立法手続きで出来上がった。加えて、ドイツ国領土からのユダヤ人移送もすでにさまざまな場所で試みられていた。一九三九年秋のポーランド侵攻直後の西ポーランド地域併合を契機に、すでに大々的なユダヤ人住民のゲットー化や追放が行われていた。開戦のわずか半年後には、ポンメルンに初めてドイツのユダヤ人が移送された。四〇年二月一二日の夜にはシュテティーンとその周辺のユダヤ人一〇〇〇人が住居から連行され、ルブリン近郊の三つの村に追放された。四〇年三月にはシュナイデミュール行政区の三六〇名のユダヤ人が同じ運命を辿った。その作戦行動は、居住地域が「戦時経済上の理由から緊急に必要」とされるであろうという根拠に基づいていた。この移送で生き残ったのはごくわずかな者にすぎず、そのほとんどが四二年春に始まった大量虐殺の犠牲となった。

一九四〇年一〇月末にバーデンおよびザールプファルツ大管区で実行された別の作戦行動は、ナチ党大管区指導者ローベルト・ヴァーグナー（バーデン）とヨーゼフ・ビュルケル（ザールプファルツ）両名の主導によるものであった。彼らはアルザス＝ロレーヌの民政長官も兼務しており、特別全権を有していたので、約六五〇〇人のユダヤ人をゲスターポに逮捕させる権限を持ち出した。彼らはいくつかの中小都市の集合地から鉄道で非占領地域の南フランスへと移送され、そこで――ベルリンからの抗議もあって――ヴィシー政権によって抑留された。多くの者が移送中あるいは移送後まもなく死亡したにもかかわらず、「ビュルケル作戦」によって移送されたおよそ三分の一は生き長らえた。ポンメルンや南西ドイツで行われた両作戦は地域的に限定され、当面この後に続くものがなかった。ドイツのユダヤ人にはまだ、最後の束の間の一時が残されていた。これらの作戦自体はしかし、「併合」後のオーストリアからの移送と同様に、ドイツ国からの全ユダヤ人追放を全般的に行うテストケースとみなさなければならない。

SS行動部隊が東部で以前からポーランド、ウクライナ、ロシアのユダヤ人大量虐殺を大々的に開始している一方で、ゲスターポは西部で移送の準備をしていた。すでにヴァンゼー会議以前からそのために必要な機構がフル稼働していた。移送は全国規模で上からの指令に従って組織されていた。一九四一年一一月初頭以降、およそ一〇〇〇人ずつ、集合地として機能していた中心地から、公安警察によって監視されながら、鉄道で移送された――輸送手段を緊急に必要としていたという異議を軍部が唱えたにもかかわらずに、である。移送列車は目的地であるリガやミンスクに向けて（四一年一一月には四本の列車がコヴノ／カウナスへ行き先を変更した）ベルリン、ハンブルク、ハノーファー、ドルトムント、ミュンスター、デュッセルドルフ、ケルン、フランクフルト・アム・マイン、カッセル、シュトゥットガルト、ニュルンベルク、ミュンヘン、ブレスラウからドイツ国領土を後にした。旧ドイツ国からおよそ二万のユダヤ人がこの移送の波にのまれており、さらに「オストマルク」（集合地はウィーン）や「ボヘミア・モラヴィア保護領」（集合地はプラハ）から三万人が加わった。この移送は四一年一一月八日から四二年一月二五日まで行われた。新たな一連の移送については、四一年三月六日に国家保安本部でアイヒマンと各地のゲスターポ地方本部の代表者によって協議された。旧ドイツ国領土、「オストマルク」「保護領」から五万五〇〇〇人のユダヤ人が、そのうちドイツから一万七〇〇〇人が、四二年三月以降東部方面に移送された。その一部はまずイズビツァやピャスキのような中継収容所に送られ、移送されてきた者たちはそこで強制労働に従事しなければならなかった。その後ベウジェツ（ルブリン地方行政区）やソビブルの絶滅収容所に送られた。リガへの移送も四二年にはまだ行われていた。追放に関する官僚的手続き、すなわち事実上犠牲者の市民としての存在を抹消する際に、移送先として多くの場合「東部」とだけ記入されたので、それゆえ各人の運命を死亡場所まで追跡するのはしばしば難しく、不可能に近いのである。

リガ＝スキロタヴァの「ユダヤ人ゲットー」は一九四三年一一月二日に一掃され、四一年末にそこに移送されていた全員が行動部隊Aによる射殺作戦の犠牲となったものと推定せざるをえない。ピャスキやイズビツァに連行された者たちについては、四三年春にベウジェツやソビブルの絶滅収容所のガス室で死んだと推測せざるをえない。ルブリンの南東二〇キロに位置するピヤスキから、一九四二年六月に六〇〇〇人の人間がトラヴニキに移送された。四二年一一月には人数は不明だがソビブル絶滅収容所への移送が行われ、四三年二、三月にはこの収容所は撤収され、収容者たちはトラヴニキやベウジェッツ絶滅収容所に送られた。

トラヴニキはルブリン地方行政区にあるポーランドの町クラスニスタフ近郊のイズビツァを目的地として移送されてきた者は、そこであまり長い時間を過ごすことは滅多になく、たいていの者は少し滞在してから、さらにベウジェッツ、ヘウムノ、ソビブル、マイダネクあるいはトレブリンカの絶滅収容所へと移送されていった。

ゲスターポ・ファイルに記録された個人の運命

資料の信憑性が高いと考えられるゲスターポのファイルを手がかりに、個人の移送の運命を辿ってみることができる。一九四一年一一月二三日、マルタ・「ザーラ」・ハントブルガー、旧姓エンゲルハルトは、一一月二七日付で疎開させられることになり、全財産は押収されているということが、秘密国家警察ヴュルツブルク分署のニュルンベルク・フュルト国家警察署から通知済みであることを、確認し署名をした。署名は複写された書類の「通告！」という見出しの下にあり、この記録文書にはきちんと日付が記入され、刑事監察官の署名があり、手書きで記入されたマルタ・ハントブルガーの疎開番号二三九以外に、彼女のヴュルツブルク最後の住所、ヒンデンブルク通り二一番地が記されている。

「疎開」の三日前、疎開のためにヴュルツブルクから選び出されたユダヤ人たちは、我が身に差し迫っていることに関する行動規則集を受け取るために、つまり市民生活に残されていたものが破滅させられる最終手続きに関して指示を受けるために、出頭を命じられていた。マルタ・ハントブルガー（そしてさらに二〇一人のヴュルツブルクのユダヤ人に同じことが知らされた）は、彼女の「全財産は一九四一年一〇月一五日に遡って国家警察に押収されて」いたということ、そして「この時点以降該当する財産処分（贈与や売却）は無効である」ということを、承諾しなければならなかった。その間に売却されたり、贈与されたりした物品についても、新たな所有者の氏名や住所とともに記入した財産申告書の作成が命じられていた。債務証書、有価証券、保険証券、売買契約書などの重要書類はすべて財産目録に添付しなければならなかった。

一九四一年一一月二三日、ヴュルツブルクで生まれ育ったマルタ・ハントブルガーの手に押しつけられた説明書は、いかにこの仕組みが効率よく働き、犠牲者が負担する運送料に至るまでいかに詳細にすべてが計画され、練り上げられているかを証明していた。ハントブルガー夫人は以下のような細かな点に関しても指示されていた。「私は持っている食糧配給切符で、少なくとも三週間分の移送中の食糧、それからさらに四日分の携帯食糧を用意しなければならない。万一これらの食糧を予定より早く食べてしまった場合、食糧をさらに要求する権利がもはやないことは、承知済みである。さらに、移送用トランク――最大五〇キロまで（荷物はかさばらないものであること!）――を四一年一一月二六日の八時から一〇時までの間にアウミューレ貨物駅に持っていかなければならない、という指示を受けた。その他にゲットーの荷物は四一年一一月二五日以降、ユダヤ人労働班に取りに行ってもらうよう手配しておかなければならない。運送料として私は六〇ライヒスマルクを一緒に持っていかねばならない」。

移送が決定した者にはまた、すべての貴重品と証書類を財産申告書とともに「封をせず丈夫な封筒の中に」入れ、正確な住所と疎開番号を記して一一月二四日中に引き渡すよう求められていた。一一月二六日の一四時から一六時までの間に、市の公会堂で搬送の届け出をしなければならなかったが、それまで不幸な者たちには自分たちの住まいを整理整頓する時間、すなわち「一九四一年一一月二六日に私が発った後で警察が住居を封印できるように（ガス、電気、水道などは止めておくこと!）、住まいを整える時間がまだあった。腐りやすいものは片づけておかねばならない。暖炉の火は消しておかねばならない。住まいはきちんとした状態にしておかねばならない。なおガスや電気料金は市の各公営企業体で前もって支払いを済ませておかねばならない。私は家の管理人に疎開のことを伝えるつもりである。部屋と家の鍵すべてに、ヴュルツブルクの自分の住所が書いてある名札を付け、市の公会堂到着後、ヴュルツブルク国家警察分署に引き渡さなければならない」。

ヴュルツブルクのゲスターポのファイルには、マルタ、アードルフ・ハントブルガー夫妻の市民生活の最後を記した個人的な記録文書はわずかしかない。手書きの夫婦共同の財産申告書によると、ハントブルガー夫妻はわずかな家財道具と衣類以外に、銀行に二七八八ライヒスマルク、有価証券一七〇〇ライヒスマルク以上を所有していたこと、アードルフ・ハントブルガーが建設会社の勤務中に負ったケガとの関連で出された医師の診断書、出生証明書、防空訓練証明書、アメリカへの移民申請が受理されたことを伝える一九四一年四月二一日付の在シュトゥットガルト・アメリカ総領事館からの印刷された通知書を所持していたことがわかる。この通知記録で唯一個人的なことは、二人に交付されていた登録番号二五四〇四であった。この番号の者はヴュルツブルクのゲスターポにある疎開番号二三八、二三九の者と一致し、この番号の者に該当するハントブルガーのファイル文書は、SS全国指導者〔ヒムラー〕の命令に基づき「オストラントへ」疎開というメモの記入で終わっていた。このファイルに添付された書類は、「一九四一年一一月二七日、ニュルンベルクでの上述の者たちの身体検査の際に発見され、押収された」のであった。

二〇二人のヴュルツブルクのユダヤ人は、そのうち四〇人は子供と若者だが、一一月二六日、時間通り市の公会堂に集まった。彼らは厳重に検査され、その際自分たちの所持品の一部を失った。ゲスターポは、ユダヤ人から取り上げたカメラ、ナイフ、ハサミ、切手、その他の物品リストを作成した。一九四一年一一月二七日の早朝四時に、市の公会堂の広間でその夜を過ごしたユダヤ人たちは、アウミューレ駅へと駆り立てられた。四両の客車と二両の貨車が彼らに用意されており、貨物列車に連結され、五時五〇分にヴュルツブルクを発ち、一〇時三六分にニュルンベルクに着いた。ラングヴァサー収容所は、ドイツ本土での最後の滞在地であった。ここで最終的な移送が編成された。ニュルンベルクから五三五人のユダヤ人の移送が決定しており、二七日午後には一〇六人がバンベルクから加わり、コーブルクやバイロイトのユダヤ人共同体のメンバーと合わせて一〇〇〇人に達し、一杯となった。

入念な検査と略奪行為が、ニュルンベルクのラングヴァサーで数時間にわたって続いた。ある部屋ではトランクが検査され、禁止されたもの（装飾品、現金、そしてその他多くのもの）が押収された。隣の部屋では書類や貴重品が（居住地でそれらの引き渡しがまだ済んでいない場合に限り）引き渡された。身分証明書、時計、結婚指輪はまだ残っていた。三つ目の部屋では屈辱的な身体検査が入念に行われた。何も持ち込まれないように念には念を入れるのがゲスターポの狙いであった。四つ目の広間では送達証書によって財産の喪失が公式になされ、身分証明書には役所の最後の事務手続きとして「疎開済み」の印をもらった。バラックの収容所では、SS隊員によって監視され、ユダヤ人補助員が整理整頓し、ただ出発を待つばかりであった。一一月二九日一二時三〇分、列車は出発の準備が整ったことが告げられ、一五時に列車は動きはじめた。行き先はラトヴィアの首都リガで、当時はドイツ管理下の「ドイツ国弁務官領オストラント」にあった。

リガへの移送と銃殺

移送されるユダヤ人は東部に定住するため疎開すると信じ込まされ、そのためある一定の身のまわり品やいろいろな装備品を持ってくるよう求められた。これらのものは、ユダヤ宗教共同体によって選ばれたユダヤ人志願者の助けを借りて、積み込まれた。ヴュルツブルクでは、とりわけ次のような「ゲットーの荷物」が列車に運び込まれた。ミシン一五台、煙突付きストーブ二九台、窓用板ガラス五〇枚、肉屋、靴屋、精密機械工、床屋、彫刻師、婦人服の仕立屋、紳士服の仕立屋用の装備品や道具一式ずつ、建築工具……。

リガへの移送は三昼夜続いた。空腹とのどの渇きに加え、同行しているSS隊員による虐待が行われた。スキロタヴァ駅で列車から降ろされた。ドイツ人とラトヴィア人のSSによる殴打や虐待を受けながら、ユダヤ人たちは、以前は農場であった「ユングフェルンホーフ」収容所へと進んでいった。人間が納屋やバラックに泊められた。氷のように冷たく、衛生状態は劣悪そのもので、食事はまったく不十分であった。ここに押し込められている一万五〇〇〇人のうち――バイエルンからの移送以外に、さらにウィーンから二列車、ハンブルクから一列車、ヴュルテンベルクから一列車の計四本の移送列車が到着した――毎日二〇人から三〇人が死んでいった。最終的には非常に多数の死者が出たため、死体は薪の山で燃やさなければならなかった。大地は固く凍っていたので、土に埋めることはできなかった。

ユングフェルンホーフ収容所は、リガのゲットーと同様に、移送された者のほとんどにとって、最後の駅となった。わずかに生き残った者の一人で、当時一二歳で両親ともども一九四一年一一月二七日の移送によってユングフェルンホーフに連れてこられたヘルベルト・マイは、三月二七日に起きたことを次のように報告した。「朝六時に全員中庭に整列しなければなりませんでした。その場にいた者は、大きなバラックに閉じ込められ、男女に分けられたのです。

私と父はその中にいましたし、母もいました。その時六〇〇〇人が収容所にいました。すると大きな目張りをされたバスがやってきて、人々を乗せました。この日に五〇〇〇人が運び去られたのです」。

後に残された者が数週間後に現地の人や人づてに聞いたところによると、表向きは「労働力投入」という名目で行かされた者は全員、出発したその日のうちにリガ近郊の森で銃殺された、とのことであった。行動部隊Aにとってこの大量殺戮は重荷であったが、それは流れ作業のように行われていた、と民間人は報告した。移送された者の中で、農場での強制労働に投入されていた者は、現地の農民から、犠牲者たちは大きな穴の上に架けられていた渡り板を渡る前に自分の服を脱がねばならなかった、ということを聞いた。殺人者の銃弾が命中し、彼らは共同墓穴へと落ちていった。

これらの事件は人知れず行われ、行動部隊が後に自らの行為の痕跡を消し去ったので、たいていの場合、移送された者が定住地を離れた後に辿った運命を個々裏づけるのは、ほとんど不可能である。確かなことは、ほぼ全員が無惨な殺され方をしたということだけである。リガのある女性市民は一九四四年に、ソ連政府調査委員会の事情聴取で自分の印象を次のように供述した。「私の家は森から一キロないし一・五キロメートルしか離れていませんでした。そこから、人々が森に連れてこられたのが見え、銃殺される音が聞こえました。ドイツ人が二日で一万人以上の人々を銃殺したことがあるのを知っています。それは一九四二年の聖金曜日と、復活祭前日の土曜日のことでした。バス、または灰色の乗り物で人々が連れてこられたのです。その都度四、五台のバスや自動車がやって来ました。三〇分から丸々一時間の間隔でやって来たのです。バスや自動車はユダヤ人がぎゅうぎゅうに詰め込まれていました。この金曜と土曜の両日には昼も夜も走っていました。数えたら金曜日だけでほぼ一二時間のうちに四一台のバスが人々を森に運んできました。およそ二〇～三〇分後に空になって森から戻っていきました。昼夜私や他の住民たちにはライフル銃や自動小銃の銃声が聞こえました。森から戻ってくる乗り物には殺された人々の服が積み込まれていました」。

復活祭の日曜日はひっそりとしていた。証人であるこの女性も、他の現地の人々と同様、大量殺戮現場の穴を見に森へ行った。「外国から連れてこられたユダヤ人も殺されていました。そのことは後に残っていたさまざまなものからわかりました。どの墓穴のそばにも火を焚いた跡があり、そこでファシストたちは不要なものを燃やしていたようでした。灰から服が燃やされていたことが見てとれました。というのも灰の中には、ボタン、バックル、メガネケースやメガネフレーム、婦人用ハンドバッグの金属部品、札入れや小銭入れ、それに人々が使っていた多くの身の回りの品があったからです。火を焚いた場所や墓穴のそばにはさまざまな書類、写真、身分証明書などがありました。身分証明書や写真をもとに確認できたのは、これらの人々がどこから来たのかということでした。写真の裏側には写真屋のスタンプや都市名があったからです。ですから、ここで銃殺された人々はおそらくオーストリア、ハンガリー、ドイツ、それにその他の国々からここに連行されてきたと言ってもいいでしょう」。

ミュンヘンからの移送

ドイツからもう一つ別の移送があった。一〇〇〇人の人々が一九四一年一一月二〇日にミュンヘンを発ったが、その行き先も同じくリガであった。ミュンヘンには、アルトバイエルンやシュヴァーベン全地域からユダヤ人を集める集合地があった。四一年春に一万四五〇〇平方メートルの広大な敷地にユダヤ人強制労働従事者によって設立されたミルバーツホーフェン（クノール通り一四八番地）のバラックの収容所は、移送のための中継および管理基地として使用された。

エルゼ・ベーレント＝ローゼンフェルトは、ミュンヘンのベルク・アム・ライム地区、いわば一種の老人ゲットー地区にある愛徳姉妹会修道院内のユダヤ人「宿泊収容施設」長であった。

一九四二年四月、彼女は移送命令を受けた。彼女はミルバーツホーフェンで移送の準備をすべて終えていたが、土壇場になって残留を許可された。ゲスターポによる検査のためバラックの中へと一列縦隊で進むよう命令された後、このような出来事が起こった。「テーブルで仕切られた後ろに一人の男が座っていて、私に『ハンドバッグを全部空にしろ』とぶっきらぼうに指示しました。私はハンドバッグをひっくり返して中身を彼の前の机の上に出しました。彼はまず私の身分証明書を掴み取り、それを手元のすでに山となっている身分証明書の上へと置きました。……彼は私が持っていたわずかな写真に手を伸ばし、……ビリッビリッビリッ！　彼は写真を真ん中からビリッと引き裂き、そして自分の背後にほうり投げてしまいました。……彼は硬貨が二、三枚入った私の小銭入れを開けました。……私はバッグの中身の残りを再びしまおうとしましたが、その男はやめるように手で合図をしました。『やめろ、行け、次の者』と彼は怒鳴ったのです」。

中継基地ミルバーツホーフェンを経由して、三〇〇〇から四〇〇〇人のユダヤ人が移送された。そのうち二九九一人がミュンヘンからであった。リガへの移送に続いて、一九四二年四月三日にルブリン近郊のピヤスキへの移送があった。その際、前日にレーゲンスブルク集合地を経由してきたミュンヘンのユダヤ人三四三人、シュヴァーベンから四三三人、これ以外に二一三人のユダヤ人が移送された。四三年三月一三日のアウシュヴィッツへの移送を唯一の例外として、ミュンヘンからのその後のすべての――総数四〇回――移送先は、テレージエンシュタット・ゲットーであった。

10　テレージエンシュタット

特恵待遇というつくられた幻想

この北ボヘミアの都市は、エーガー〔オフジェ〕川がエルベ川に合流する地点から遠くない所に位置し、一七八〇年、皇帝ヨーゼフ二世によってオーストリアの砦として建設され、その時代には軍事用建築物の傑作として通っていた。一九三〇年代にはおよそ七〇〇〇人以上の住民がおり、その半数は兵士であった。四一年末からこの小都市は、ボヘミア・モラヴィア保護領からのユダヤ人のゲットーとして利用された。四二年五月末には彼らの三分の一（二万八九〇〇人）がテレージエンシュタットにいた。状況からみると、SSの指揮権下にあり、外部はチェコの地方警察によって警備されている強制収容所のようなものであったが、この町はユダヤ人の中継基地および乗り換え基地であった。四二年一月にテレージエンシュタットからリガへの最初の移送が行われた。ドイツ、オーストリア、デンマーク、オランダからの移送に備えて場所を確保するため、四二年七月、この土地に元々いた住民が全員疎開させられた。

一九四二年六月以降にテレージエンシュタットへ移送される四万人以上のドイツのユダヤ人の間では、自分たちは名士や優遇者扱いで、特恵待遇者専用ゲットーに行く途上にあるという幻想が広まっていた。ナチ政権のシニシズムは「在独ユダヤ人全国連合」を利用して、ゆったりとくつろげる高齢者用住宅があることを言葉巧みに信じ込ませ、病気の場合には看護が約束されているという「施設購入契約」によって、テレージエンシュタットに移送されてきたユダヤ人を身ぐるみ剝いでしまった。

その契約内容には最初の条項に以下のような付帯条項が含まれており、署名により承認したものとみなされた。「今後共同で（テレージエンシュタットに）収容される者、また援助の必要な者すべてに対し資金を調達することは全国連合の義務であるゆえ、この共同社会に収容されることが決定した者で、資産を有する者はすべて、全国連合に支払うべき購入金額によって自らの入所費用を賄うばかりでなく、さらには、援助が必要な者の世話をする資金をも可能な限り工面するのが、義務付けられる」。

契約の締結により、「一生涯、施設内での宿泊、食事の提供、洗濯、必要の場合には医者の診察や投薬治療を行う」義務をドイツ側は負っていることになっていたが、「その他の入所の権利」は留保された状態で、「現在の入所形態に変更があっても」契約当事者は異議申し立てをすることはできなかった。テレージエンシュタットに来たドイツのユダヤ人は、自らの財産で強制収容所の入所権を買い取っていたのであった。テレージエンシュタットは「プラハ・ユダヤ人国外移住本部」の管轄下にあり、そのために「最終解決」とはとりもなおさず移住措置のことであるというつくり話が維持されたのである。ハイドリヒの命令によりこのゲットーは一九四二年二月に公式に設置されており、SS部隊が現地で管轄していた。ゲットーに隣接して、プラハ・ゲスターポ本部管轄下の「小要塞」があったが、独自の指揮官の下で恐怖と拷問の場所として使われていた。

テレージエンシュタットの現実

テレージエンシュタットへの到着はまさにショックだった。非常に古い兵舎、栄養不良、劣悪な衛生状態の中、人で溢れかえった多くの宿泊所が、老人ホームを当てにしていた人々を待ち受けていた。年輩者の多くはたいてい、ここの生活条件を克服する力がなく、テレージエンシュタット到着後まもなく死亡した。死亡率は一九四二年には五〇％以上あり、四三年には二九・四％に下がり、四四年は一七・二％であった。多くの者の死因は外的条件のみならず、侮辱的な言動を受けたことにもあった。

ドイツ語圏から連行されてきたユダヤ人にとって、つまりドイツ文化にすっかり同化したこれらの担い手にとって、テレージエンシュタットの現実は、彼らに対するドイツ人の背信行為と同義語になったに違いなかった。彼らは一九三三年にはまだ解放されていると確信していた。なぜなら――彼らが思っていたような――共通の祖国への功績が無視され、愛国心が踏み躙られ、ドイツ文化意識を持つことが蔑まされ、市民階級としてもはや認められてはおらず、それどころか、存在してはいけないことになっているとは想像すらできなかったからである。ドイツ人社会から彼らを排除する目的があり、物質的生活基盤の喪失で幕を閉じるという、ドイツのユダヤ人が三三年以来被ってこなければならなかった差別に続いて、――中間滞在地テレージエンシュタットや他の収容所での飢え、病、絶望感、東部での銃殺部隊やガス室による――肉体的絶滅の前に、解放されていることに対して無効を宣告されたことの屈辱、つまりゲットーへの逆戻りという屈辱があった。

ボヘミアやモラヴィアから移送されたユダヤ人の九〇％には中継基地としてさらにひどい収容地が割り振られ、最終的には絶滅へと至らしめられたことからすると、テレージエンシュタットへの移送はドイツのユダヤ人には特権のようなものであった。これにはいくつもの狙いがあった。まず絶滅収容所への移送を隠蔽すること、ついで優遇者や名士（これには後にデンマークやオランダから来たユダヤ人のある特定集団が加わった）を優遇された場所へ連行することで、彼らのための諸々の抗議が起きないようにすることにあった。結局のところテレージエンシュタットは、ドイツのユダヤ人の小集団にとっては実際、特権的な最終滞在地であった――もし彼らが衛生状態、飢え、屈辱に耐えることができたならばの話ではあるが。

一九四二年五月二一日付の国家保安本部の命令から見て取ることができるように、ヴァンゼー会議でのハイドリヒの予告によれば、ドイツ国領土から以下の特定集団が「老人ゲットー」であるテレージエンシュタットに移送される予定になっていた。六五歳以上の者、配偶者のいる五五歳以上の虚弱な者、ついで第一次世界大戦の高位戦争勲章受章者や傷痍軍人記章受章者ならびにその妻、さらに、もはや存在していることにはなっていないドイツ人とユダヤ人との混合婚の配偶者、最後に、現行規程に従ってユダヤ人とみなされた場合には（「認定ユダヤ人」）、独身の「混血児」も含まれた。

移送と「在独ユダヤ人全国連合」

ドイツ・ユダヤ人のテレージエンシュタットへの移送は——疎開移送と呼ばれていたが——一九四二年六月二日に始まった。ユダヤ人のドイツでの生活が公式に終わったのは一年後のことである。四三年六月一〇日の午前中にゲスターポが、オラーニエンブルク通り二九番地にあるベルリン・ユダヤ人共同体の事務所に「ベルリン・ユダヤ宗教連盟」（四一年四月三〇日をもって公式名称がこのようになった）の存続が中止されるという知らせを持ってやって来た。職員は、「アーリア人」と「混合婚」をして暮らしていない場合に限り、逮捕され、グローセ・ハンブルク通りの集結収容所に連行され、四三年六月一六日にプトゥリッツ通り駅へと移送された。そこから約五〇〇人のユダヤ人たちが、そのうち三〇〇人は病人であったが、夜には移送列車で帝国首都を後にし、今やベルリンは、と同時にドイツもまた、「ユダヤ人は皆無」とされた。

最後まで残っていた「在独ユダヤ人全国連合」の五名の職員も同じ運命に見舞われた。その活動範囲はますます制限されて、一九三三年に設立されたドイツのユダヤ人上部自治組織から、三八年一一月以降徐々に、その活動がゲスターポの支配および命令に左右される機関になっていった。「在独ユダヤ人全国連合」は「ドイツ系ユダヤ人全国代表部」（三三年）ないしは「在独ユダヤ人全国代表部」（三五年）を引き継ぎ、三九年七月以降この名称を掲げているが、もはや自発的な連合組織などではなく、「アーリア立法」に該当するすべての人物に対して、その者の信仰信条を考慮もせずに、管轄権を持つ強制的な機関であった。国家保安本部の命令により、まだなお存在しているユダヤ人組織や財団のすべては、その自主性を失い、全国連合に編入された。ついに四三年一月二九日には、ベルリン・ユダヤ共同体にも及んだ。四三年六月一〇日ドイツ帝国に財産を没収され、全国連合の地区事務所もまた、ベルリン以外はすべてが解散させられてしまった。

最終段階の在独ユダヤ人全国連合の状況に関しては歴史家の間でいろいろと論争がなされている。全国連合がゲスターポの道具としてドイツのユダヤ人の移送や絶滅に利用されたという事実は、排除することができない。全国連合は、移送の際に協力を強いられたが――一九四二年半ば以降もなお全国連合には、特に「リスト」を送達し、ゲスターポの命令を伝達し、移送の統計をとる任務が課されていたのだが――ナチスの機関には成り下がらなかった。まさに自発的に、あるいはナチ政権と合意のうえで、その下働きをしていたのではなかった。たとえかなりの犠牲者には時にはそう思えたかもしれないとしても、全国連合の協力者が犯行者側へと鞍替えをしたということでは決してなかった。

全国連合自体は、その首脳部はすでに合併以前からベルリンの共同体幹部とほとんど重なっていたが、一九四三年六月一〇日のずっと以前から繰り返し移送の犠牲者となっていた。一三名の指導的人物のうち、わずか二名のみが迫害を生き長らえた。四三年六月一六日にテレージエンシュタットに送られたモーリッツ・ヘンシェルと四三年一月二八日にテレージエンシュタットに送られていたラビのレオ・ベックであった。レオ・ベック、パウル・エプシュタイン、モーリッツ・ヘンシェル、フィーリプ・コツォヴァー、ハインリヒ・シュタールといった名だたる人物によって代表される、そこのゲットーの「長老自治会議」の中では、以前のドイツのユダヤ人上部組織の生き残り組が四五年五月八日の解放の日まで生きた。

ユダヤ人自治と長老エプシュタイン

テレージエンシュタットの「自治」というのは、民主的な機能や目標の自己決定とは関係なく、それどころかまったく無関係で、むしろSS収容所指導部の道具としてしか行動できなかったということは、説明するまでもない。この事実は、行動の余地があったのに十分に行動していないという風説を払拭するために、当然強調しておかなければならない。もしテレージエンシュタット・ゲットーの自治が要するに全国連合の遺物と言われるのであれば、このことを理解するには、この地での文化的生活水準を理解しなければならない。劇の上演、オペラ、朗読会や学術講演会に関する報告、これらについては回想を綴ったたくさんの文献があり、ドイツで始めていたことをテレージエンシュタットでも続けた「ユダヤ文化同盟」の勇敢な芸術家や組織メンバーによる最後の活動に関する報告がある――しかしこれらの活動によって、テレージエンシュタットはドイツ系ユダヤ人の文化生活のオアシスであり、朝から晩までゲーテが朗読され、モーツァルトが演奏されていた一種の夏期大学であったという誤った結論へと導かれてはいけない。

テレージエンシュタットの住民からは、自治は処罰を下し、法を公布し、巨大な官僚機構を動かす収容所ヒエラルキーの頂点だと思われていた。「ユダヤ人自治によってさらに強化された、テレージエンシュタットの拘禁」というひどい言葉があった。けれども分別のある者は、収容者が直接SSとかかわり合うことがないという事実を、安堵の気持ちでとらえていた。下の者から見れば「ユダヤ人長老」はゲットーの絶対的な支配者のように見えた。長老はSS司令部と定期的に接触し、報告をしたり、命令を受けたりしていた。ナチスがこの目的のためベルリンから呼び寄せたパウル・エプシュタイン博士は、一九四三年一月から四四年九月までの間ユダヤ人長老の職に就いた。彼は四〇そこそこで、ほどなくひどく嫌われるようになった。それにはおそらく彼自身に少しばかりの責任があった。四三年一月二七日、収容所司令官SS大尉ザイドル博士は、プラハ出身でそれまで現職の長老ヤーコプ・エーデルシュタインを呼び出し、翌日ベルリンやウィーンから重要な幹部を迎え、それでテレージエンシュタットの責任体制が刷新されるということを、アードルフ・アイヒマンの指示として彼に伝えた。ゲットー自治の主要な責任は、今後ベルリンから来るエプシュタイン博士が三頭政治のトップに立って担い、エーデルシュタインも同様に、引きつづきその一員にとどまるというのである。

エプシュタインはまずいスタートをきり、テレージエンシュタットではよい評価を得なかった。後世の者にとって、エプシュタイン博士の性格や活動についてはH・G・アードラーによるテレージエンシュタットの強制共同社会に関する記念碑的な叙述の中で明らかにされている。そしてアードラーの判断は、たとえ彼の個人的な道徳的評価を度外視したとしても、誤解のしようがなく、容赦のないものである。「エプシュタインは確かに功名心は強かったが、勇気は彼にはなかった。……彼は気取り屋で、わざとらしく、気が弱く、自惚れが強かった。……彼はユダヤ人のことを代表していたが、SSに対しては弱腰で、何の抵抗もしないという印象を持たれた。彼は命令をただ受け入れ、それを実行に移した。確かにエプシュタインは冷酷な人間ではなく、それはすでに彼の打ち拉がれた存在が物語っていたが、しかし彼が温かいとか親切であるとかは言えなかった。……エプシュタインは自分がシオニストで社会主義者であると認めていたが、そのくせ彼は権力の崇拝者だった、たとえナチスの形を取ったものであれ。

……収容所で彼は単なる弱虫として姿を現し、恐ろしい現在から絶えず逃れようとしていたが、現在の腐敗した権力によって彼はとっくに抜け殻にされてしまっていた」。アードラーによる性格描写は反論を招いた。エプシュタインの同僚たちは公正さを要求した。ヤーコプ・ヤコブセンは、ユダヤ人の中心的諸施設の指導者たちがひどい状況下にあったということ、「彼らが当局の忠実な家来として行動し、そのうえ移送準備の手伝いを余儀なくされた」ことを考慮するよう求めた。同様に、「ユダヤ人長老たち」や彼らのもとでテレージエンシュタットで働いていた者たちも、「命令に従って」東部への死の移送を準備するよう強いられたのである。それゆえ彼らを厳しく非難するのは正当であろうか。「ユダヤ人長老」やその評議会のメンバーは誰もが、偽装や破壊工作をしながら統治機関の命令に従っていたという事実を承知していた。彼らには、協力することで仲間の収容者たちの運命をできる限り軽くしようとする以外に、選択肢はなかった。たとえ性格が強かったとしても、誰もこの状況下ではナチ政権の攻撃を防ぐことはできなかったであろう。責任ある立場にあり、この攻撃を遅らせようとしていた者を誰が非難できようか。

ヤコブセンの弁明にあるように、エプシュタインが批判的な評価を下されそうな行動の時でも、自分の部下に対して最善のこと、つまり彼らの運命をより良くし、可能な限り多くの者を破滅から守るよう試みたからといって、彼が人間的弱さから逃れられなかったということに何ら変わりはない。彼が人間的弱さから逃れられなかったことは、同時に転落の原因となった。その証拠としてヤコブセンは次のようなことを挙げている。「一九四四年のユダヤ教の新年祭の前日に、彼は一〇〇〇人以上の囚人を前にして自殺的ともいえる演説を行った。当時テレージエンシュタット上空をアメリカの飛行機が数機飛んでいるのを目にしていて、当然のことながら喜びを爆発させていたので、エプシュタインは早まった希望を抱いたり、早まった行動を取らないようにと警告した。一九四四年の贖罪日に彼は逮捕され、即日銃殺された。拘留されていた者に一般に信じられていたのは、エプシュタインが殺されたのは当時開始された大量移送に抗議していたからであった、ということだった」。

エプシュタインの伝記は、テレージエンシュタットでの彼の役割を理解する手助けとなる以上に、場合によっては、意識状態、つまり滅亡期のドイツ・ユダヤ人の精神状態の内部を解明する手がかりを提供しているかもしれない。エプシュタインは一九〇一年三月四日にマンハイムで生まれ、天賦の才豊かな生徒として注目され、ハイデルベルクおよびフライブルク大学で哲学、国民経済学、社会学を修めた。マックス・ウェーバー、カール・マンハイム、カール・ヤスパース、そしてアルフレート・ウェーバーに師事し、二五歳でマンハイム商科大学で教授資格を取得し、一九三三年までそこの私講師であった。学界での経歴が無効になったことは、きっと若きパウル・エプシュタインにトラウマになるほどの深刻な心の傷跡を残したに違いない。彼は根っからのシオニストとしてユダヤ人青少年運動に参加して、「ユダヤ人青少年連盟全国委員会」で指導的な働きをしていた。その後は社団法人ドイツ・ユダヤ人中央社会福祉事務所でさまざまな職務に就き、三三年からは在独ユダヤ人全国連合の常勤職に就いた。エプシュタインはそこで貸付担当であったが、その後移住担当となった。この職務の時に彼はゲスターポとの連絡員を務めた。パレスチナへの非合法移住を妨害したという名目で、四か月間ベルリンのアレクサンダー広場にある警察の留置場に拘留されていたが、おそらくこのことが彼をいっそう孤独にすることになるのだろう。拘留理由も彼の人となりを理解する鍵となる。イギリスによる制限と、そのことで欺かれたユダヤ人パレスチナ移住者の運命を顧みずに、ユダヤ人を国外へ運ぶことだけがこの時点では重要であるとするゲスターポに、彼は逆らった。エプシュタインは規則通りの手続きを迫り、そのことでゲスターポの怒りを買ったのである。

秩序と規律の遵守はこのような時にもテレージエンシュタットのユダヤ人長老エプシュタインにとって重大な価値があるものであり、彼はそれを断固として押し通すが、多くの者には理解できなかった。労働モラルと時間厳守を説いて回ることが意味のあることなのかどうかは、テレージエンシュタットの悲惨な状況下では、多くの者には疑わしかったのである。彼らはユダヤ人長老の中に、使い走りからゲットーの見張り番までという官僚主義的執行機構と、今では自分たちを追放するに至るまで拘束すると見ていたドイツ的価値観念の体現しか見なかった。討論サークル、講演、劇の上演、コンサートといった教養市民的な遺産を維持するのは、テレージエンシュタットの社会にとっては当然のことであった。パウル・エプシュタインが定期的に社会学のセミナーを行うことは、彼に期待されていたことのうちに入っていったが、ナチ政権の息のかかった働き手としての役回りを演じ、秩序の美徳を説いて回り、それを押し通し、それどころか使節団訪問の際には「市長」として行動したことは、多くの者には理解できないことであった。

エプシュタインの悲劇的なところは、彼が何かしようとするすべての場合に、ドイツの大学教育を受けた市民階級の幹部としての方法しかとれなかったという点にあった。それ以外のことを彼は習得してはいなかった。彼のジレンマは、彼らを苦しめる側の満足をうることによってユダヤ人共同社会に対する援助を求めるという表裏の態度をとることを、彼自身も決めていたことにあった。この点で彼は他の者たちと違わず、このような態度を批判する者でさえ——これはナチ政権下のユダヤ人代表者すべての態度であるのはやむをえなかったので——強力な抵抗運動のような他の選択肢はなかったと認めている。

ナチスの者たちに何度も裏切られた末に、一九四四年九月二七日、彼らに全特権を剝奪され、銃殺され、妻は四四年一〇月にテレージエンシュタットからアウシュヴィッツへ向けての最後の移送で送られ、そして殺された、このユダヤ人長老エプシュタインの運命は、一個人の悲劇以上のものである。彼は、ナチスの手から責任を引き受けていた（たとえいかなる個人的な動機からにせよ）ドイツのユダヤ人の典型的状況にあったのであり、まさにこのような状況からのみ、公正さを追い求めつつ、危険にさらされたドイツのユダヤ人代表者たちは評価されうるのである。

赤十字の訪問

テレージエンシュタットでは一九四四年八月と九月にナチスの命令に従ってプロパガンダ映画が撮影され、これは後に「総統閣下はユダヤ人に都市を贈られる」という皮肉なタイトルで有名になった。未完のままで上映されるに至らなかったこの映画に実際つけられていた仮のタイトルは、「テレージエンシュタット――ユダヤ人居住地の記録映画」というものであった。四三年六月に、ナチスは赤十字の代表視察団に――映画の場合と同様に――視察の目的に備えて準備された収容所の訪問を許可していた。

この訪問は当然ながら何の影響も及ぼさなかった。テレージエンシュタットでは快適な生活が送られているという偽りの現実がすべてにわたって演出されていたが、国際赤十字社幹部の次のようなメモからわかるように、この訪問によってありのままに近い印象が伝えられた。

「ドイツ赤十字社の者たちは四八時間テレージエンシュタットに滞在し、テレージエンシュタットの状況に強烈な印象を受けていた。つまり極めて驚かされていたのである。ドイツ赤十字社代表団が移送されてきた者たちとそもそも接触したのは初めてのことらしい。テレージエンシュタット自体には四万三八〇〇人のユダヤ人がいるとのことである。そのうち三分の二が労働に従事しており、三分の一がまったく労働のできない者とのことである。平均年齢は六〇歳である。ゲットーの状況は恐ろしくひどい。すべてが不足している。人々はひどい栄養不良で、医薬品による手当てはまったく不十分である。居住環境はひどいものである。以前は七〇〇〇人が住んでいた小都市に、現在ではおよそその六～七倍もの人々が住んでいるからである。いわゆる名士と呼ばれている者（なかでもブライヒレーダー家のような者）のグループが寝起きをしている家には、およそ四、五名の者が一部屋に住んでいる。名士でない者たちの住居では、状況ははるかにひどい。いずれにせよゲットーの内部組織はできることをやっているといったような程度である。公共の炊事場、保育所、救貧院がある。この町自体に、なにがしかのものを購入できる店もいくらかある。ゲットー自体に独自のゲットー通貨が流通しており、これはどこかの銀行口座に預けられている金（おそらく差し押さえられたユダヤ人の財産の一部だと思われる）によって保証されている」。

人口の変動

テレージエンシュタットの現実の一つに人口変動があった。テレージエンシュタットへの旅に出たのも強制されてのことであったが、同じように住民がゲットーを後にしたのも強制されてのことであった。人口は一九四二年九月に五万三〇〇四人となりピークに達した。そのうち一万八六三九人が同じ月にやって来て、一万三〇〇四人がさらに絶滅収容所に送られた。三九四一人がテレージエンシュタットで死亡した――これがこの一か月の結果である。四三年上半期にはここへの流入は徐々に沈静化したが、ここからの移送は続行されていた。四二年九月までテレージエンシュタットの後は特に、リガ、トレブリンカ、ミンスク、ソビブル、マイダネク、イズビツァ、ザモシチが最終地であったが、四二年一〇月以後、移送列車はもはやアウシュヴィッツに向かうだけであった。四四年秋に最後の移送の波が過ぎ去った後、まだ一万一〇六八人のユダヤ人がテレージエンシュタットに残っており、そのうち四五六人がデンマーク系、四八四三人がオランダ系であった。

一九四五年四月末に、撤収移送により各地の強制収容所から四人がテレージエンシュタットに到着し、その数はおよそ一万四〇〇〇人であった。四五年五月五日、ナチスはテレージエンシュタットの責任を赤十字に委ね、四五年五月八日、赤軍が到着した。よってテレージエンシュタットは、一番最後に解放された収容所であった。高い死亡率は解放後も続き、多くの者はその地を去れる健康状態にはなかった。最後の者は四五年八月一七日までテレージエンシュタットにとどまらなければならなかった。

一九四一年一一月二四日から四五年四月二〇日までの間の全統計によると、一四万一〇〇〇人のユダヤ人がテレージエンシュタットに移送され、三万三〇〇〇人がそこで死亡し、八万八〇〇〇人がさらに絶滅収容所に送られた。およそ一万七〇〇〇人が解放を迎えた。

三人の司令官のうち二人、ジークフリート・ザイドル博士（一九四一年一一月～四三年六月）とカール・ラーム（四四年二月～四五年五月）は戦後死刑を宣告され、執行された。三人目のSS中尉アントーン・ブルガー（四三年七月～四四年二月までの司令官）は偽名を使い、戦後ドイツで新たな生活を始めた。彼はさまざまな追跡の手を逃れ、発見されることなく、一九九一年末にエッセンで死亡した。

11　その他の大量虐殺——シンティとロマの迫害

差別の長い伝統

「ジプシー」への差別は、ヨーロッパのどこにでもあるように、ドイツでも伝統があった。少数民族シンティとロマに対する不信や拒絶は、一九三三年以前にもすでに長い間法律や命令の中に多くの排除の形をとって表れていた。軽蔑や拒絶の感情は、絶滅の願望まで含めて、同様に「人種的理由」から望ましくない少数民族ユダヤ人に対するよりも、一般的かつ公然とより明白に表明されていた。ナチスの「ジプシー政策」が大量虐殺に至ったのは、「ユダヤ人政策」と同様にそれを追求した結果であり、したがってシンティとロマへの迫害はホロコーストとの関連の中に位置づけるのが適切である。

ドイツやオーストリアの地方自治体、都市、州の当局は、ナチスが権力の座に就くはるか以前から、「ジプシー」に定住するということを教え込み、それによってドイツ社会に組み入れれば、「ジプシーの災い」を撲滅できる最善策であるという点で、公式に意見が一致していた。これは何度も公に明言されていた。しかし市民は、定住が決して自分たちの地域社会ではなく、常にどこか他の場所で行われねばならないという点では同意見であった。ドイツのシンティとロマに対する嫌がらせは、一九三三年以後まず従来のやり方で続けられた。キャンプ地（または住居）のひどい設備や法外な賃料、警察の手入れ、キャンプ地の突然の閉鎖や市の管轄区域からの追放、就業に必要な行商鑑札の発行制限などである。その後徐々にナチスの影響下でゲットー化へと進み、大都市の多くはキャンプ地もどきの場所を設置したが、そこは部分的に監視され、有刺鉄線で囲まれており、常に墓地や汚水処理場の近くといったような、しばしばタブー視されたひどい場所にあった。

ニュルンベルク諸法の適用と「人種衛生学」

その後シンティとロマの状況は法的な面においても、すなわち警察の中央集権化や盤石となったナチ政権内での人種政策の強引な推進によって、悪化した。「ジプシー」とはっきり明言されてはいないが、「ニュルンベルク諸法」はこの少数民族にも適用され、シンティとロマも公式にはより劣った権利を有する市民となった。一九三八年、国家刑事警察局内に「不良分子ジプシー撲滅対策全国本部」が設置された。ハインリヒ・ヒムラーは「SS全国指導者兼ドイツ警察長官」として、シンティとロマを管轄していたが、三八年一二月八日、「ジプシー問題の解決はこの人種の本質から」、しかも「人種生物学上の研究によって得られた知識」に基づいて行われなければならない、と命じた。必要なデータは刑事警察に科学者が届けなければならなかったが、これにはローベルト・リター博士の指揮のもと、保健局「人種衛生学研究所」の共同研究者が当たった。

科学者はこれを実に徹底的に行い、刑事警察のために系図の調査や人類学的研究に基づいた詳細な鑑定書を作成した。最終的に、該当者は「ジプシー」と「ジプシーとの混血児」(これはさらに「ジプシーの血が優性」ないしは「ドイツの血が優性」と分類された)のカテゴリーに分類された。これには実際的な目的があった。というのは「人種衛生学」全体で、望ましくなく、劣等なものだとして根絶が望まれている者たちの除去にまさしく貢献したからである。

しかし警察とその研究協力者は、決して単独で少数民族シンティとロマに絶滅戦争の宣戦布告をしていたのではなかった。「ジプシー」の根絶は政権によって宣言された人種政策の目標の一つであった。その証拠を示す多くの中の一つに、一九四二年秋に法務大臣ティーアラクがナチ党官房長官マルティーン・ボルマンに宛てた書簡がある。「ドイツ民族組織体をポーランド人、ロシア人、ユダヤ人、ジプシーから解放するという考えから、いわば、ドイツ人住民の移住地に予定されているドイツ国に隣接した東部地域を浄化するという考えから――私はポーランド人、ロシア人、ユダヤ人、ジプシーの刑事訴追をSS全国指導者に一任するつもりである。我々はこの場合に、刑事訴追が限定的にしかこの民族集団の絶滅に寄与しえないという前提から出発している。司法がこれらの者たちに対し極めて厳しい判断を下すことは疑いの余地はないが、しかし原則的に上述の基本的な考えを実現化するには、これでは不十分である。これらの人々を何年にもわたってドイツの刑務所やその他の懲罰施設に拘留しておくことはほとんど意味がないが、今日よくあるように、彼らを戦争目的のための労働力として利用すれば、そのようなことはない」。

この書簡に先立って一九四二年九月一八日に会議が行われたのであるが、その席でヒムラーはSSの上級指導者たちと「異民族」に対する今後の刑の実施方針について討議した。政権の究極目標を貫徹するために警察とSSというテロルの道具を手中に収めていたヒムラーの考えによると、若干の人間集団に対してはもはや司法や裁判所の権限はまったく及ばないということであった。「懲役刑を宣告された反社会的分子はSS全国指導者に身柄が引き渡され、労働を通して抹殺される。治安上の理由から逮捕され、三年以上の量刑が科されたユダヤ人、ジプシー、ロシア人、ウクライナ人、ポーランド人は全員引き渡されなければならない」。これはポーランド人、ロシア人、ウクライナ人などの外国人労働者の労働意欲や募集を危うくし、敵陣営のプロパガンダに何かしらの影響を与える恐れがあるという現実的配慮から、所轄官庁――東部編入地域のナチ党大管区指導者ならびに内務大臣や東部〔占領地域〕大臣――が、ポーランド人やロシア人に対するそのような措置に反対して異議を申し立てたが、彼らはしかしまた「刑事訴追されたユダヤ人およびジプシーの引き渡し」は適切かつ望ましいものとみなしていた。実際にこのことが意味するのは、シンティとロマが完全に法的権利のない状態となり、今や警察やSSのなすがままになっているということであった。

しかしまた、「ジプシーの災いの撲滅」は人種的根拠に基づくと告知されていたヒムラーの命令のかなり以前から、シンティとロマは迫害され、そして――一九三八年春以降――強制収容所に「予防拘禁」された。その口実として、彼らは「反社会的」であるという伝統的なお決まりの非難が利用され、その証拠として「一定の決まった仕事」を続けることが証明できないということを挙げていた。「予防拘禁」とは、訴訟手続きを経ず、無期限に、強制収容所で身柄を拘束された状態のことであるが、少数民族、批判者、政権敵対者に対してナチ国家で最も多く用いられた手段であった。しかしシンティとロマに対しては、多くの者がすでに早い段階からもっと思い切った措置を講ずるよう支持していた。

断種の要求

一九三九年、オーストリア人のナチ党員であるブルゲンラント州首相が内閣官房長官兼国務大臣ラマース宛てにこう手紙を書いた。「民族健康上の理由から、またすでに証明されたようにジプシーには遺伝的欠陥があり、我ら民族の身体に取りついた寄生虫としてゆゆしき害しかもたらさない紛れもない常習犯罪者民族であるがゆえに、まずはその繁殖の防止に着手し、生ける者には労働収容所の枠内で厳格な労働義務を科さねばならない」。

これは、その後ますます頻繁に表明され、ついには実施された断種の要求であった。「ジプシーの強力な繁殖力」が繰り返し論拠として挙げられ、その当然の帰結は望ましからざる民族集団の断種であるように思われた。このことは、ブルゲンラントのロマ全員に断種を行うという提案がなされた一九四〇年のグラーツ地方裁判所首席検事の書簡の中でも明らかとなっている。「ジプシーはほぼ専ら物乞いと盗みによって生計を立てている。音楽家としての活動は実際の生業というよりはむしろ隠れ蓑である。彼らの存在は、真面目に働いている国民にとって、とりわけ彼らに農地を荒らされている農民にとっては極めて過度な負担である。その負担は、ジプシーの極めて強力な繁殖力の下ではその幼児死亡率の高さにもかかわらず、年々増加している。ブルゲンラント州住民の人種としての危険が一層増大している。むしろ外見からしてすでにアフリカないしはアジアの原住民族を想起させるジプシーの大群は人種的に劣等であり、とりわけ精神的、道徳的に劣っているが、反面、肉体的には並外れた抵抗力がある。膨大な数の幼児の中から生き残った者が極めて過酷な生活条件下で成長するからである。この道徳的、精神的に劣った民族との混血は子孫の価値の低下を意味するのは当然である。しかし混血は、一方では若いジプシーの男は性的に並外れて積極的であり、他方ジプシーの娘は性的に無節操であるということによって助長されている。このような状況は、ジプシー男子の大部分が労働収容所に収容されたとしても、存続する」。

このような画一的な見方、特に性的積極性や無節操といった性的嫉妬心に狙いを定めたものは、住民の間に広まっているイメージと合致する。それゆえ、人種的動機に基づく厳格な対処を求める提案は機運が熟していたので、対ユダヤ人政策と同様に、何の反対もなく広く受け入れられた。

ポーランドへの移送

第二次世界大戦はナチ政権にとって、望ましからざる少数民族の絶滅計画を実施し、必要であれば公衆に対し理由づけを行うことができる、歓迎すべき背景を生み出した。一九三九年九月二日、ドイツ国境地帯での「ジプシーおよびジプシーのようにさすらう者の放浪」が禁止された。これは難なく戦争対策として説明され、一九三九年一〇月一七日、国家保安本部は、「ジプシーおよびジプシーとの混血児」がその居住地ないしは滞在地を以後離れることを禁止する命令を出した。

この「登録命令」〔ジプシーの移動禁止と登録を命じたもの〕によって迫害の最終段階が始まった。地方の警察当局には、シンティとロマの数を把握し（そのために彼らは定住が義務づけられていた）、人種政策と「犯罪撲滅のための予防戦」のカテゴリーに従って彼らを分類する任務が委ねられた。すなわち一九三九年九月末には、ドイツ国土の推定「三万人のジプシー」を、ユダヤ人と同様に、まずポーランドへ移送することが決定されていた。望ましからざる者たちを、侵略し、支配下に置いたばかりのポーランドへ追放することは、また彼らの絶滅の第一歩でもあった。植民地のような支配と扱いを受けた東部地域では、大量虐殺計画を巧妙に隠蔽することができ、一般市民のことを考慮する必要はほとんどないように思われた。

一九四〇年五月一六日、ドイツ国領土からシンティとロマの組織的な家族単位での移送が開始された。四月二七日、ヒムラーはハンブルク、ブレーメン、ケルン、デュッセルドルフ、ハノーファー、フランクフルト・アム・マイン、シュトゥットガルトの刑事警察地方司令本部に、管轄地域で暮らしているシンティとロマを逮捕し、集結収容所に収容するように命じた。そこから移送が編成され、その行き先は占領国ポーランドであった。ドイツで暮らしているシンティとロマの一〇分の一に当たるおよそ二八〇〇人が犠牲になったこの作戦行動は、一種の大量虐殺の総演習であった。ベルリンの国家保安本部は、ハンブルクとブレーメン地区、ケルン、デュッセルドルフとハノーファー地区から各一〇〇〇人ずつ、フランクフルトとシュトゥットガルトから五〇〇人の割り当てを決めていた。個々の家族の選定は各地の刑事警察に一任されたままであった。その際、刑事警察は保健局の専門家による「人種生物学的鑑定」を根拠とし、それは移送されるべき者を現場で選択する際の助けとなった。三か所の集結収容所（シュトゥットガルト近郊のホーエンアスペルク、ケルン、ハンブルク）から家族がドイツ国有鉄道の特別列車でポーランドへと移送され、そこのさまざまな収容所で非常に過酷な強制労働によって――子供と老人、病人と健康な者が等しく毎日一四時間も――苦しめられた。

迫害の最終段階

一九四二年一二月一六日、強制収容所と絶滅収容所に君臨しているヒムラーは、シンティとロマに対する一連のひどい差別および迫害措置の最終段階を実行に移す命令を発した。国家保安本部はその施行規則を作成した。四三年一月二九日に命じられたことは次のようなものであった。「一九四二年一二月一六日付のSS全国指導者の命令に基づき……ジプシーとの混血児、ロム・ジプシーおよびバルカン出のジプシー部族でドイツ人の血が流れていない者は、一定の基準に従って選び出され、かつ数週間の作戦行動で強制収容所に収容されねばならない。この人間集団は以下単に『ジプシーの特徴を有する者』と称する。混血の度合いを考慮せず家族単位でアウシュヴィッツ強制収容所へ収容されることとなる。ジプシー問題はアルプスおよびドナウ大管区では特別令によって解決がはかられる。純血のシンティ・ジプシーと純血種とみなされているラレリ・ジプシーならびにその部族の今後の処置は後の規定によるものとする」。

該当者は秘密裏に家族単位で逮捕され、その財産を置き去りにしなければならなかった。身分証明書、現金、貴重品は彼らから「取り上げられた」——要するに奪われたのである。刑務所や中間収容所を経てこの人々はアウシュヴィッツ＝ビルケナウにやって来て、絶滅収容所内の隔離された区域に入れられ、恐ろしい状況下で生きていた。証言によると次のようである。

「雨が降れば、すべてはずぶ濡れになり、囚人たちは膝までぬかるみにはまった。ジプシーたちは到着すると、何が起きているのか直ちに気がついた。死体焼却場がまさにすぐそばにあった。そこでジプシーは幼児をスカートの中に隠したり、毛布でくるんだりした」。

囚人は再び人種政策「研究者」に引き渡され、また悪名高き強制収容所医師メンゲレにも引き渡され、彼は多くの者を似非科学実験に利用した。一九四三年〔四四年?〕八月初旬のある夜にアウシュヴィッツの「ジプシー収容所」全体が一掃された。ある目撃者がフランクフルトのアウシュヴィッツ裁判（一九六四年）でこの件に関して報告している。「恐ろしい光景が起こったのです。女や子供がメンゲレやボーガーの前にひざまずいていて、叫んでいました。『お情けを、お情けを！』と。何をしても無駄でした。彼らは情け容赦なくめためたに打ちのめされ、蹴飛ばされ、トラックの荷台へと突き飛ばされていました。それは恐ろしい、ぞっとするような夜でした。……打ちのめされた人たちは身動き一つせず倒れたまま、トラックにほうり投げられていました」。

ホロコースト後の差別

シンティとロマの大量虐殺はホロコースト進行過程の中でナチ支配地域の多くの場所で行わ

れた。ポーランド領土にあるアウシュヴィッツ、ヘウムノ／クルムホーフ、トレブリンカ、マイダネクの絶滅収容所で、さらにポーランドやバルト諸国、クロアチアやセルビア、ウクライナ、クリミア半島での大量処刑によって行われた。犯行者として関与していたのは、ＳＳと警察、ゲスターポと国防軍憲兵隊以外に、ポーランド、ラトヴィア、ウクライナの民兵、クロアチアのウスタシャ・ファシスト、スロヴァキアのフリンカ護衛団、セルビアやその他多くのドイツの人種政策への協力者たちであった。

その犠牲者の数は、殺害されたユダヤ人の数より、特定するのがなお一層困難である。東欧や南欧で生活しているロマは、その生活様式のため統計記録からかなり除外されていた。さらに記録資料による大量虐殺の証拠は、長い間誰もその調査の労をとらず、それにあまり存在していなかったこともあり、不正確で不十分である。確かなことは二〇万人以上のシンティとロマがナチスによる大量虐殺の犠牲となり、概算では五〇万人に達するとするものもある。しかしユダヤ人とは異なり「ジプシー」は迫害後長い間、実際には援助や理解をほとんどあてにすることはできなかった。ドイツの補償担当諸部局は七〇年代に至るまで政治家と世論の合意のうえで、被った迫害に対する補償要求に対し、「ジプシー」は特に犯罪者や反社会的分子として強制収容所に送られたのであり、国家的措置の犠牲者となったのであるから、したがって彼ら自らに迫害の運命に対する責任があるという主張を貫いていた。そしてそれには、ナチ時代の少数民族シンティとロマに関するカード資料や他の証拠書類がまさに用いられたのである。現実の差別のみならず、歴史的な迫害への理解をドイツの世論に喚起するためには、シンティとロマ自らによって行われた公民権運動を待たなければならなかった。

12　絶滅収容所における大量虐殺の工業化（一九四二〜一九四四年）

アウシュヴィッツ収容所

アウシュヴィッツはポーランドにある町で、クラクフから遠くなく、ズデーテン山脈とカルパチア山脈に挟まれたモラヴィア盆地のほとりを流れるソワ川とヴィスワ川の間に位置しており、シュレージエンの辺境で、ドイツ国のかつての国境付近にある。第一次世界大戦以前、この小さな町はオーストリア＝ハンガリー帝国に属していた。一九三九年、ポーランドの壊滅後、オシフィエンチムはドイツ国に併合され、再びアウシュヴィッツと呼ばれた。四〇年春、SS全国指導者兼ドイツ警察長官ヒムラーがその地に収容所の設置を命じた。一九世紀にはオーストリア軍が駐屯しており、当時はポーランド砲兵隊兵舎であった所が、四〇年五月二〇日以降アウシュヴィッツ基幹収容所の中核となった。当初は中継収容所として計画されていたが、その存在の四年半でナチ国家最大の搾取と絶滅の複合体にまで発展した。アウシュヴィッツでは収容所の囚人たちが奴隷としてドイツ産業のために最前線で働いていた。と同時にアウシュヴィッツは、これまでに考案され、そして実現化された最大の殺人機械装置であった。アウシュヴィッツは人間の想像力を超えていた。

ドイツ産業界は、数キロメートル離れた第三収容所アウシュヴィッツ＝モノヴィッツと三八の付属収容所で、これ以上搾取できない状態になるまで、囚人の労働力を搾取していた。

アウシュヴィッツ＝ビルケナウ、すなわち第二収容所は、一九四一年一一月末に基幹収容所から北西三キロの地点に開設されたのであるが、引き込み線が引かれ、選別が行われるプラットホームを備えており、ここが本来の死の工場であった。ここに全ヨーロッパから移送されてきたユダヤ人が到着し、ここで到着と同時にＳＳは労働可能な者と、登録、囚人番号、入れ墨といった官僚主義的手続きをされることもなく直ちにガス室に送られる者とを選り分けた。ビルケナウではヨーゼフ・メンゲレ博士と他の堕ちた医師たちが医学「実験」を行っていたが、ここの「ジプシー収容所」でシンティとロマが四四年八月のある一夜に殺害されるまでやっと生きているだけの生活をしていた。

収容所長ルードルフ・ヘスの役割

この複合体の中核は基幹収容所で、最初ポーランド人用の強制収容所として使用されていたが、その後最初のガス室が設置され、多くの人間の生命を一度に奪うテストが行われた。所長は（一九四三年一一月まで）ルードルフ・ヘス〔Rudolf Höß。ナチ党副総統 Rudolf Hess とは別人〕であり、最後はSS中佐（これはアードルフ・アイヒマンと同階級）になったが、経営管理者としての組織能力を発揮して死の工場をつくり上げ、操業し、これに関して後に簿記係のような緻密さで報告した。ヘスは一九〇〇年生まれで、一九三四年のSS入隊時までは極右同盟で活動していた。その後ダッハウ強制収容所やザクセンハウゼン強制収容所に勤務し、アウシュヴィッツ勤務時代を経て、出世階段を上りつめ、全強制収容所の最高行政管理機関であるSS経済・管理本部の局長代理にまでなった。四六年三月、彼はイギリス憲兵隊によって逮捕され、ニュルンベルク裁判で証人となり、その後クラクフで裁判にかけられ、四七年四月二日に死刑を宣告された。彼は二週間後かつて権力を振るった場所アウシュヴィッツで処刑された。

ヘスは大量虐殺での自分の役割について詳細に報告し、死ぬ前に自叙伝的手記を書き上げた。一九四一年夏、ヘスはベルリンに呼ばれ、ヒムラーから、アウシュヴィッツは「ユダヤ人問題の最終解決」において中心的な役割を担うことになると知らされた。SS全国指導者はヘスにこう説明した。「つらく、大変な仕事であるが、生じえる困難を顧みず、全身全霊を捧げて行うことが必要である。詳細は近々貴君のもとを訪れる国家保安本部のアイヒマン少佐を通して知らせる。関係官庁には然るべき時に私から報告する。貴君はこの命令に関しては、上官に対してさえ、絶対に口外してはならない。アイヒマンとの話し合いの後、私に直ちに施設の予定計画書を送りなさい。……ユダヤ人はドイツ民族の永遠の敵であり、根絶されなければならない。我々の手の届く範囲にいるユダヤ人はすべて、戦時中の今のうちに例外なく絶滅されなければならない。我々がユダヤ人の息の根を絶つことに今成功しなければ、いずれユダヤ人はドイツ民族を絶滅させるだろう。……その少し後でアイヒマンがアウシュヴィッツの私のもとへとやって来た。彼は私に各国での作戦計画を知らせた。その順序を私はもはや正確に挙げることはできない。

まずアウシュヴィッツで問題になるのは、東オーバーシュレージエンおよびそれに隣接する総督領の地域のユダヤ人であろう。同時に、その時の状況次第でドイツやチェコスロヴァキアからのユダヤ人。引きつづき西部のフランス、ベルギー、オランダである。彼は移送が見込まれる者の概数も挙げた。……我々はさらに絶滅の実施について協議した。問題はガスだけであろう。というのは予想の見込まれる大勢の者を銃殺によって片づけるのは絶対不可能であろうし、またこれを女性や子供に対して実行しなければならない場合、SS隊員にとっても過度な負担になるであろうからである。アイヒマンは私に、それまで東部で実施されていた、トラック内にエンジンの排気ガスを引き込んで殺害する方法を紹介した。しかし、アウシュヴィッツへは大量の移送者が予想されるので、この方法は問題外であろう。ドイツ国内の数か所で精神病者の絶滅に実施されたように、浴室のシャワーから一酸化炭素ガスを噴出させて殺害する方法は、余りにも多くの建造物が必要となるであろうし、この大集団にガスを調達する点でも非常に問題であろう。我々はこの問題では決定には至らなかった。アイヒマンは、簡単に調達でき、何ら特別な施設も必要としないガスのことを調べたうえで、私に報告すると言った。我々は適した場所を確定するために、土地を見て回った。我々は、後のビルケナウ収容所第III建物群区域となる北西の一角にある農場が適当と判断した。そこは人里離れた所で、周辺の森や茂みによって視界から遮られていて、しかも鉄道からはそう離れていなかった」。

ガス室の設置

一九四一年九月三日、基幹収容所の第一一ブロックの地下室で、害虫駆除剤「ツィクロンB」で人間を殺害する試みが初めてなされた。ヒムラーは、「ユダヤ人問題の最終解決」ができるだけ合理的かつ効果的に遂行できる方法を見いだすように指示していた。ポグロムや大虐殺、銃殺や撲殺に代わることになったのが、いかなる無駄もない完全に組織化された大量虐殺であった。最初の試みの後で、ヘスは基幹収容所内の死体焼却場の一室をガス室として整備させた。もともとは死体置場（奥行き一六・八メートル、幅四・六メートル）であった部屋のドアの隙間が目張りされ、ガス（これは珪藻土に吸着され、ほぼ結晶の形状で、小さなブリキ缶に入れられて、ハンブルクのテシュ&シュターベノウやフランクフルト・アム・マインのデーゲシュといった会社から納入された）の投入のために天井に投入孔と換気装置が設置された。このガス室でまず九〇〇人のロシア人戦争捕虜が殺害された。この処置は殺人者を満足させる結果となった。

ビルケナウ（アウシュヴィッツ第二収容所）ではヘスとアイヒマンが視察した農家の一戸が一九四二年一月にガス室に改造され、六月末にはさらに二戸目の農家が改造された。これらは「ブンカー1」「ブンカー2」と呼ばれ、ブンカー1は四二年末に取り壊され、大規模な死体焼却場（ガス室を二つ備えた）に取って代えられた。四二年春、アウシュヴィッツへの犠牲者の移送が開始され、最初はオーバーシュレージエンからのユダヤ人、ついでヨーロッパ全占領地域からのユダヤ人であった。四四年夏のハンガリーからのユダヤ人移送がピークで、四四年七月末の、ロードス島からアウシュヴィッツへの一八〇〇人のギリシャ系ユダヤ人の移送は最後の悲劇であった。絶滅収容所の殺害能力はいくつかの工期を経て高められた。最終的には四つの死体焼却場が死体を焼くために稼働していた。シャワー室のようにカモフラージュされていたガス室にはバラックも併設されており、そこで犠牲者は服を脱がなければならなかった。また別の建物群には服、貴重品、トランク、メガネ、刈り取られた毛髪などが再利用のため分類され、積み上げられていた。

到着した移送者のうち、九〇%もの人間がプラットホームで労働能力がないものとして選別され、ガス室へと追い立てられた。まだ労働力として利用できる者も、役に立たなくなれば、同じ運命にあった。

マックス・マンハイマーの手記

マックス・マンハイマーは、一九二〇年にチェコスロヴァキアのノイティチュアインで生まれ、商業学校を卒業し、商業実務見習いを終えていた。彼はボヘミア、モラヴィアからのユダヤ人が普通一般に通過する滞在地――強制労働、その後テレージエンシュタット――を経て、四三年一月アウシュヴィッツに移送された。同じ移送の中には両親、若妻、妹、義理の妹、二人の弟がいた。「アウシュヴィッツ＝ビルケナウ、死のプラットホーム、一九四三年二月一日深夜。全員降りろ！　物はすべてそのままにしておけ！　パニックだ。誰もができるだけ多くの物をポケットに詰め込もうとする。SSの連中は怒鳴り声を上げる。行け！　もっと急げ！　さらにシャツを身につける。さらにセーターを。タバコを。ひょっとしたら交換品になるかもしれないので。男はこちら側、女はあちら側、子供を連れた女はトラックに。足が弱い男女はトラックに乗ってもよい。多くの者が申し出る。残りの者は五列に編成される。一人の女性が我々の方にやって来ようとする。彼女はおそらく夫か息子と話をしたいのだろう。SS隊員が彼女を散歩用ステッキで地面に引き倒す。首を押さえつけている。彼女は倒れたままだ。手荒に引きずられていく。労働班行きか？

SS将校が我々の前に立っている。中佐だ。一人の歩哨に何気なしに話しかけられている。おそらく医師だろう。白衣も着ていないで。聴診器も持たずに。緑色の制服を着ている。髑髏マークがついている。一人ひとり我々は前に歩み出る。落ち着いた声だ。落ち着きすぎているくらいだ。年齢、職業、健康かどうかを尋ねている。両手を差し出させて見ている。いくつかのやり取りが聞こえてくる。

錠前屋です―左。管理人です―右。医者です―左。労働者です―左。バータ商会倉庫管理人です―右。私の知り合いだ。ボイコヴィッツ出身のビュヒラーだ。建具師です―左。次は私の父の番だ。臨時工です。父は管理人や倉庫係の方に行く。五五歳だ。それが理由かもしれない。今度は私だ。二三歳、健康、道路工事労働者です。手のたこを見ている。なんて立派なたこだ。左。弟のエルンストだ。二十歳、配管工です—左。弟エトガルだ。一七歳、靴職人です—左。母、妻、妹、義理の妹を見つけようとする。無理だ。トラックの多くが出ていった後だった。

三列編隊になる。一人のSS歩哨がチェコのタバコを持っているか尋ねてくる。何本かやる。彼は私の問いに答える。子供たちは幼稚園に通っている。男たちは日曜日に妻のもとを訪ねられる。日曜日だけ？　それで十分じゃないか！　きっとそれで十分なのだろう。

我々は行進する。狭い道を。我々には煌々と照らされた四角い広場が見えてくる。戦争の真っ只中なのに。灯火管制なしだ。機関銃を備えた監視塔。二重に張り巡らされた有刺鉄線、サーチライト、バラック。SSの衛兵たちが門を開ける。我々は行進してそこを通過した。我々はビルケナウに着く。一つのバラックの前で我々は一〇分間立ち止まる。その後そこに入れられる。移送時に一〇〇〇人いた男、女、子供が、今では男一五五人だけだ。数人の囚人が席に着いている。お金や貴重品は引き渡すことになっている。隠し持っているものも。さもないと厳罰が待っている。シャツの襟をほどいてそれを取り出した。一〇ドル紙幣だ。私の舅からもらったものだった。困った時のためにとっておいたものだ。名前が登録される。身分証を所持していいかどうか尋ねる。ノーと言われる。新しいのがもらえるのだろう。我々は戸外に出る。今度は別のバラックだ。ある部屋で我々は服を脱ぐ。靴とベルトだけ手元に残す。毛はすべて刈られる。そして剃られる。シラミのために。我々はシラミ駆除剤を全身に振りかけられる。とても暖かい部屋に入る。階段状につくられている。サウナのようだ。我々は裸なので、暖かくて喜んでいる。我々は奇妙な様子をしている。おかしい。頭はテカテカで、裸の腹にベルトを巻いて、靴を履いている。縞模様の服を着た一人の囚人が入ってくる。我々の前に立つ。我々は妻や子供たちのことを尋ねる。『炉を通り抜けていくんだ!』彼の言っていることがわからない。我々は彼がサディストだと考える。もうこれ以上尋ねない」。

アウシュヴィッツの犠牲者数

一九四四年一〇月末から、赤軍（四五年一月末、アウシュヴィッツは解放される）に対して痕跡を一つも残さないようにするため、アウシュヴィッツ＝ビルケナウの絶滅関連施設はヒムラーの命令により破壊された。ガス室を備えた死体焼却場は爆破された。アウシュヴィッツの殺人機構による犠牲者の正確な数は不明である。ヘスはニュルンベルクの法廷で、ガス室で殺害された者は二五〇万人という数を供述したが、これは多すぎる数字であり、極右のホロコースト否定主義者によって、アウシュヴィッツに関するすべての供述は誤りであり、全貌は、生存者が証言をし、犯行者が認めたようなものではなかったということの証拠としてみなされている。アウシュヴィッツでの殺害者総数は、ガス室がフル稼働していた期間の一九四二年一月から四四年一一月までの間で、ほぼ一〇〇万人近くである。したがって、アウシュヴィッツ収容所はホロコースト最大の絶滅地であった。

マイダネクの「血の水曜日」

強制収容所から絶滅地が生まれ、搾取と絶滅という二つの利用目的が並行して追求されたアウシュヴィッツの状況に匹敵しうるもう一つの収容所は、一九四一年秋にルブリン地方行政区の首都ルブリンに建設された強制収容所だけである。その絶滅地はマイダネク（ルブリン市の一地区）という名で知られていた。四四年七月にソ連およびポーランド部隊に解放されるまで、収容所が存続した全期間に、およそ二〇万人が死亡し、そのうちおよそ六万人がユダヤ人であった。絶滅が実施されていた時期は四二年夏から四四年七月までの間であった。アウシュヴィッツと同様に、ツィクロンBで殺害されたが、一酸化炭素でも殺害された。これは鋼鉄製ボンベに入れられて納入され、配管システムでガス室に送り込まれた。四三年秋再び、行動部隊が活動していた時期と同様に、銃殺作戦行動で犠牲者が殺害される大虐殺があった。

一九四三年一一月三日、長い準備の後に、囚人には「血の水曜日」、犯行者には「収穫祭作戦」と呼ばれた作戦行動が行われた。SS専属の「ドイツ軍需工場」や外部作業班で働いていた強制収容所のユダヤ人全員が一日でその作戦の犠牲となった。およそ一万八〇〇〇人の死者が出た。死体焼却施設長エーリヒ・ムースフェルトは目撃者として次のように報告した。「一〇月末のある日、新しい死体焼却場から五〇メートルほど離れた、第V地区と第VI地区の後方で、穴が掘られました。その仕事には延べ三〇〇人の囚人が、一五〇人ずつ昼夜二交代で三日間にわたって携わっていました。この三日間で、深さ二メートル以上、長さおよそ一〇〇メートルのジグザクの形をした穴が三つ、スコップで掘られたのです。同時にアウシュヴィッツ強制収容所やクラクフ、ワルシャワ、ラドム、レンベルク、ルブリンのSS兼警察指導部から特別部隊がマイダネクに集結しました。特別部隊を編成した、総勢で一〇〇人近くのSS隊員が私の挙げたすべての場所から来ました」。

収容所のまわりの歩哨は夜には増強され、一一月三日の朝の点呼でユダヤ人全員が選り分けられた。外部の収容所と外部派遣作業班から、ユダヤ人囚人が長い隊列を組みながら行進してきた。「朝の六時頃――ひょっとしたらすでに七時だったかもしれませんが――大規模な作戦行動が開始されました。第Ⅴ地区のユダヤ人の一部がバラックの一つに追い立てられ、そこで全員が服を全部脱がなければならなかったのです。それから予防拘禁収容所長トゥーマンが第Ⅴ地区と穴の間にある有刺鉄線を切断しました。こうして通路ができたのです。そこから穴まで武装した警官が両側に向かい合って並んでいました。全裸のユダヤ人は、この警官の列の間を通って穴へ行くように追い立てられました。向こうでは特別部隊のSS隊員がユダヤ人に、一〇人ずつで穴に降りるように命じました。すでに穴に入った者は端へと駆り立てられました。そこに彼らは横たわらなければなりませんでした。それから穴の縁に立っている特別部隊のSS隊員たちによって銃撃されました。次のグループも同様にして穴の端へと追いやられました。そこで彼らはすでに射殺された者たちの上に横たわらなければならなかったので、穴は時間とともにそれぞれ縁までほぼいっぱいになったのです。男性と女性は別個のグループで銃殺されました。その作戦行動はぶっ通しで午後五時まで続いたのです。銃殺に加わったSS隊員の途中交替がありました。彼らは、その作戦行動が絶え間なく行われている間に、食事のため町のSS兵舎に行きました。その間ずっと、車の拡声器から音楽が流れていました」。

ヴァンゼー会議で、総督領代表ビューラー次官は「この地域におけるユダヤ人問題の解決を可及的速やかにはかること」を請願していた。これは一九四二年一月のことであった。ビューラーの論拠には、総督領にいる推定二五〇万のユダヤ人の大部分がいずれにせよ労働能力がなく、伝染病感染者として重大な危険を生むと言われており、好都合なことに移送には特別に問題がないことも絶滅の障害にはならないであろうという主張があった。

ポーランド占領地域、すなわち総督領のワルシャワ、クラクフ、ルブリン、ラドム、レンベルク各地方行政区におけるユダヤ人絶滅の準備は当時とっくに開始されていた。その責任を負っていたのがSS少将オーディロ・グロボチュニクであった。彼はトリエステ生まれのオーストリア人で、一九二二年にケルンテンでナチ党に入党し、三二年にSSに入隊した。三八年から三九年までの間彼はウィーンの大管区指導者であったが、外国為替不正取引のかどで解任された。三九年一一月、三五歳でルブリン地方行政区SS兼警察指導者という二度目の出世のチャンスを得た。ポーランドのユダヤ人に対する絶滅命令の実行者として、グロボチュニクはSS全国指導者ヒムラーの直属下にあった（しかし階級と官職規定によると、彼は総督領の上級SS兼警察指導者SS大将フリードリヒ・クリューガーの配下にあった）。

「ラインハルト作戦」（一九四二年五月に暗殺で命を落としたラインハルト・ハイドリヒにちなんで命

名された）の人員は約四五〇名のスタッフから成り、主にSSの階級では下士官クラスで、このうちベルリンの「総統官房」が派遣したのはわずか一〇〇名そこそこであった。彼らは、一九四一年に中止されていた障害者殺害の安楽死計画に携わった殺人の専門家であった。専門教育を受けた専門家たちは毒ガスを利用した殺人に関する知識をラインハルト作戦に持ち込んだ。

一九四一年一〇月末から一二月末の間に男たちの第一陣がルブリンにやって来た。彼らのうち、警部クリスティアン・ヴィルトは安楽死計画に参加していたうえに、ヘウムノ／クルムホーフ収容所でも発明の才ある専門家として活動していた。四一年一二月、ヴィルトはラインハルト作戦の過程で設立された最初の絶滅収容所の司令官となった。四二年八月以降、彼はベウジェツ、ソビブル、トレブリンカの三大絶滅収容所の監察官であった。

ベウジェツ絶滅収容所

東ポーランドにあるベウジェツ収容所は駅の近くにあり、二七五×二六五メートルの敷地に二つの部分、つまり到着・管理区域（第一収容所）とガス室が設置されていたバラックのある絶滅地区（第二収容所）から成り立っていた。一九四二年二月末、移送された者の第一陣がベウジェツに到着した。いかにして大量殺人が最も効果的に遂行できるかどうかの実験が、数日にわたって行われた。アウシュヴィッツとは対照的に、ヴィルトはヘウムノ／クルムホーフでのエンジン排気ガス利用の十分な経験をもとに、毒薬を工業会社を通して納入することに依存しない、自立した絶滅システムを採用することに決定した。ヴィルトはベウジェツで、施設にカムフラージュを施し、犠牲者が不意打ちを食らい、騙されるような仕組みもテストした。その狙いは、移送列車が到着してから移送されてきた者たちが共同墓穴で死ぬまで、できるだけ時間をかけないようにすることであった。

ドイツ人スタッフには幹部としての任務があり、絶滅の進行過程ではウクライナ人の「対独協力者」の助力があった。彼らはトラヴニキの特別訓練キャンプでこの目的のためにSSによって訓練されていた。ウクライナ人は到着ホームからガス室まで監視要員として配置についた。彼らは犠牲者を急き立て、列車から殺害現場までの間殴打し、犠牲者たちが服を脱ぐ時や身ぐるみ剝がされる時も監視していた。ベウジェツ絶滅収容所は一九四二年末まで存続し、およそ六〇万人のユダヤ人がその犠牲となった。

ソビブル絶滅収容所

ベウジェツの経験はラインハルト作戦の第二の絶滅収容所であるソビブルで一九四二年三月

から生かされた。そこは人口のまばらな地域にあった。最も重要な前提はここでも鉄道との接続であり、ソビブル駅から引き込み線が敷設されていた。ソビブルの司令官はフランツ・シュタングルであった。彼はオーストリア生まれで、リンツ近郊のハルトハイム安楽死施設に勤務していたが、後にトレブリンカの所長としてポーランド随一の有能な収容所司令官という名声を得た(一九四七年、彼はオーストリアでの拘留からシリア経由でブラジルに逃亡することができた。六七年になってようやく逮捕され、ドイツ連邦共和国〔旧西ドイツ〕に身柄を引き渡され、七〇年に九〇万人のユダヤ人殺害の連帯責任のかどで終身刑を宣告された)。

ソビブルでは絶滅の波が三回あり(一九四二年五・六月、四二年一〇~一二月、そして四三年三月)、約二五万人が殺害された。犯行者の一人で、その任務から囚人たちが「ガスのマイスター」と呼んでいたエーリヒ・バウアーは、この結果は直接の責任者たちにとっては不満足に思われていると報告した。「ソビブルの兵営食堂で私はかつてフレンツェル、シュタングル、ヴァーグナーたちの会話をたまたま耳にしたことがあった。彼らはベウジェッツ、トレブリンカ、ソビブル絶滅収容所での犠牲者の数について話していて、ライバル意識からソビブルは『最下位だ』と、悔しがっていた」。

殺人者の一人が一九四二年秋のソビブルでの仕事について、自分に課せられた仕事を熱心に淡々となす責任感のある技術者特有の飾り気のない言葉で述べている。トラックでSS下士官エーリヒ・フクスはルブリンからのスタッフを迎えに、またレンベルクからのエンジンを取りに行った。人命を絶つ装置が設置され、稼働した。「ソビブルに到着した際、私は駅の近くで、コンクリートの建物一つと、頑丈な造りの建物がいくつかある周囲の土地を目にした。……我々はエンジンを降ろした。少なくとも二〇〇馬力はある（キャブレター式エンジン、八気筒、水冷式）重いロシア製のガソリン・エンジン（おそらく戦車か牽引車のエンジンだろう）であった。我々はエンジンをコンクリートの台の上に置き、排気管と配管を接続した。それから私はエンジンをテストした。最初、エンジンはかかからなかった。点火装置とバルブを修理すると、ついにエンジンがかかってくれた。ベウジェッツの時からすでに面識のある化学者が、ガスの濃度を測定するために、計測器を持ってガス室の中に入っていった。それに引きつづき、ガス発生のテストが行われた。三〇～四〇人の女たちがガス室でガス殺されたと、記憶しているように思う。ユダヤ人の女たちはガス室近くの、木々が屋根のように覆っている野外の空き地（森林の中の土地）で服を脱がなければならなかった。そして前述のSSのメンバーならびにウクライナ人の対独協力者によってガス室へと追い立てられた。女たちがガス室に閉じ込められると、私はバウアーとともにエンジンを操作した。エンジンは最初アイドリング状態だった。

我々は二人ともエンジンの脇に立ち、『野外へのガス排気からガス室内への排気へ』とスイッチを切り替えた。そしてガスが室内に引き込まれた。化学者の提案で私はエンジンを一定の回転数に合わせたので、その後はアクセルを踏む必要がなかった。約一〇分後、先の三〇～四〇人の女たちは死んだ。化学者とSS隊員はエンジンを止めるよう合図した。私は自分の工具をしまい、死体が運び去られる様子を見ていた。運搬には、ガス室近くから離れた区域へと走っているトロッコ軌道が利用された」。

トレブリンカ絶滅収容所

トレブリンカはその絶滅技術において、ラインハルト作戦の中で最も完璧な収容所であった。その規模や設備の点でソビブルに匹敵した。一九四二年春に立地は現在の地に決定されており、その決め手となったのはまたしても鉄道との接続であったが、さらに偽装工作が可能なように人里から離れていることもあった。四二年七月から四三年八月までトレブリンカの絶滅機構が稼働し、九〇万人の人命が消える結果となった。

トレブリンカの数少ない生存者の一人リヒャルト・グラツァルは、テレージエンシュタットを経て、ここに移送されてきた。ボヘミア出身で二二歳の彼は「労働用ユダヤ人」として使われたので、即座に行われる殺害を免れた。一九四二年一〇月から四三年八月までの一〇か月間、彼は常に死を覚悟しながら、殺害された者たちの所持品を選り分け、彼らの衣服を束ね、殺人工場をきちんと整理しておく仕事を手伝わされていた。四三年八月二日の囚人暴動を機に、彼は逃亡に成功した。一人の友人と連れ立って、ポーランドを横切り、ドイツ国内へと辿り着いた。そこで彼は軍需産業で「外国人労働者」を装い、マンハイムで終戦と解放を迎えた。デュッセルドルフ地方裁判所でのトレブリンカの犯罪者に対する裁判で、リヒャルト・グラッツァルは六〇年代および七〇年代における証人の一人であった。彼は「緑のフェンスのある罠」、つまりアウシュヴィッツについで最大の殺人現場である絶滅収容所の正確な描写を行った。

「巨大な能力を持った小さな罠がこのトレブリンカで、かつてのロシア・ポーランド国境とブク川から遠くない木々に囲まれた砂地の飛び地に建設されていた。選別や入れ墨をされることなどまったくなく、到着する列車から『消毒浴』——すなわちガス室へ直行であった。トレブリンカという名は、わずかなみすぼらしい小さな農家しかない一番近くの集落から借りてきたものであった。最初のガス室が完成した後の、一九四二年六月に殺人工場の操業が開始された。このガス室は一時間で三〇〇人から五〇〇人を処理する能力があった。四二年の九月のある時、はるかに高い能力を持った新しいガス室が稼働した。レンガ造りの建物の内部には中央の廊下に沿って『シャワー室』が五つずつ並んでいた。どの室にも四〇分で一〇〇人の人間を詰め込むことができ、この全一〇室で一度に一〇〇〇人をガス殺することができた。これにはアウシュヴィッツのようにツィクロンBは使用されず、捕獲したロシア製戦車のエンジンの排気ガスが使用された単純なものであった。

約四〇〇×六〇〇メートルしかない四角形の土地で、一九四二年秋には毎日最高一万五〇〇〇人の人間がこの世から命もろとも消えた。……トレブリンカ収容所の二つの区域は互いに厳重に分けられていた。この二つの区域の間には高い砂壁が走っていた。大きい方の第一区域には列車が乗り入れるプラットホーム、脱衣場、移送されてきた者たちから没収されたありとあらゆるものの山がいくつもできている仕分け場、そしてこれらに併設しているバラック群があった。いわゆるこの受け入れ施設のある収容所区域には労働用ユダヤ人の就寝バラック、SS隊員の居住バラック、それに司令部が隣接していた。小さい方の第二区域が本来の死の収容所であった。しかしそう呼ぶことは禁止されていた。SS隊員はいつも『収容所2』とだけ言っていた。そこには、ガス室、死体を埋める穴、レールを簀の子状に組んでつくった大きな焼却場、さらに労働用ユダヤ人の就寝バラックがあった。……数日後にはすでに、我々の移送仲間の身にまさに何が起きたのか、トレブリンカに到着する移送者全員にそもそも何が起きるのかということがわかっていた。進入口の門前ですでに、一定数の車両が単線の引き込み線上で切り離された。車両内には時には五〇〇人、時には一〇〇〇人の人々がいた。機関車がその車両をゆっくりと進入口の門の中へと押していった。次に降車の際、私自身体験したことが行われる。『全員降りろ、もっと早く。――手荷物は持っていけ、重い荷物は置いていけ、後で引き渡す！』。列車が乗り入れるプラットホームを通って、人々の大群が脱衣場に連れてこられる。これが緑のフェンスで囲まれた広場で、ここで我々は消毒浴のために服を脱いで裸にならなければならなかった。『男は右、女と子供は左！』。私はすでに服を脱いで彼らと一緒にそこに立っていると、呼び出され、連れ出された。女たちは『理髪室』へと連れていかれ、そこで彼女たちの髪が切られた。女性の毛髪からエンジン用パッキングがつくられていたらしい。その間、男たちは、すでに素っ裸で、自分たちが持ってきた手荷物を脱衣場の一角に積み上げなくてはならなかった。それは仕分け場に一番近い所であった。その際SS隊員たちは彼らに駆け足でやらせた。すると肺がより深く空気を吸い込むようになり、ガス室で事がより早く運ぶのである。続いて、髪を刈られた女性と子供、息を切らしている男性が、全員一緒くたになって『管』を通って収容所の第二区域に追いやられた。この管とは有刺鉄線が張り巡らされた細長い狭い通路のことで、これは私に野獣が円形闘技場に入れられる時に通る通路を思い起こさせた。ただし、この通路はかなり長く、カーブしていて、外からも中からも見通しがきかないようになっていた。有刺鉄線がびっしりと張り巡らされており、それに緑の小枝を絡めていたが、ついでに言えば、トレブリンカ全体に張り巡らされたフェンスの場合と同じであった。管の途中の、収容所両区域間の境界付近には『小さな会計窓口』があった。この小さな、木でできた窓口で全員が書類、時計、装飾品を引き渡さなければならなかった。ここですべての人から名前が奪われ、もう少し進むと今では裸にされて名前をもなくした人が命さえも奪われた」。

ラインハルト作戦の完了

ベウジェツ、ソビブル、トレブリンカの三収容所で、ポーランドのユダヤ人の大部分が「ラインハルト作戦」の犠牲となった。しかし西ヨーロッパからのユダヤ人も――オランダやフランスからの――そしてオーストリアやスロヴァキアからのユダヤ人もソビブルで殺害された。

一九四二年七月、ヒムラーはこの作戦の完了日を四二年一二月三一日にするようにと命じていた。しかし殺人部隊は責任を感じてはいたものの、これを達成できなかった。四三年一一月初頭になってようやくグロボチュニクはヒムラーに報告した。「私が総督領で遂行していたラインハルト作戦は四三年一〇月一九日をもって完了し、全収容所を撤収した次第であります」。

最後の数か月は痕跡を跡形もなく消し去ることにすべて費やされた。ＳＳ大佐ブローベル指揮下の第一〇〇五特殊部隊の専門家たちはすでに共同墓穴から死体を掘り返した経験があった。掘削機で穴から死体を掘り出し、レールでつくられた簀の子の上で焼却した。燃え残ったものは骨粉砕機でつき砕かれた。灰や骨の残骸は最終的には再び穴に撒かれた。

ベウジェツは最初に閉鎖された収容所であった。ソビブルはヒムラーの命令に従い、略奪してきた弾薬類が保管、分類される強制収容所に変わった。トレブリンカでは「労働用ユダヤ人」の最後の労働班が銃殺される前に、バラックとフェンスを撤去した。その土地は鋤き返され、木が植えられた。新たに設けられた農場には収容所のスタッフであったウクライナ人たちが移り住んだ。

一九四二年のうちにアウシュヴィッツの絶滅能力が高まったために、ラインハルト作戦の収容所はもはや必要としなかった。アウシュヴィッツは当時、ナチ支配下にあるすべての国から移送者を受け入れ、移送列車で運ばれてきたユダヤ人を完全に合理化された方法で殺害するために、設置されていた。大集団として「最終解決」の運命に最後に見舞われたのは、四四年春の、ハンガリーのユダヤ人であった。

ホロコーストの犠牲者数

一九四二年一月にベルリンのアム・グローセン・ヴァンゼーの屋敷での会議で告げられた、ヨーロッパの全ユダヤ人の絶滅という目的は達成されなかった。しかし六〇〇万の人々が殺害されたことで、ホロコーストは未曾有の人類の犯罪となった。この犠牲者の総数では――最低限の確実な数であるが――、未曾有の人類の犯罪を十分に言い尽くすことはできない。しかも、数は抽象的すぎるものである。しかし大量虐殺の規模を描写するには、その数を挙げねばならない。ドイツから一六万五〇〇〇人のユダヤ人、オーストリアから六万五〇〇〇人、フランスとベルギーから三万二〇〇〇人、オランダから一〇万人以上、ギリシャから六万人、同じくユーゴスラヴィアからも六万人、チェコスロヴァキアから一四万人以上、ハンガリーから五〇万人、ソ連から二二〇万人、そしてポーランドから二七〇万人。さらにルーマニアやトランスニストリアでのポグロムや大虐殺による死者(二〇万人以上)、アルバニアやノルウェー、デンマークやイタリア、ルクセンブルク、そしてブルガリアから移送され殺害されたユダヤ人がこれに加わる。彼らは皆、直接的にせよ間接的にせよ、ドイツの民族優越主義者たちが宣言し、それを従順に遵守したナチスの人種イデオロギーの影響の下で、命を失ったのである。

ドイツ人はどれだけ知っていたか

ドイツ人がどれほどホロコーストについて知っていたのかということを、この犯罪から半世紀たってもなお、ドイツ人はよく問うてみなければならない。

ヒムラーは、概念を包み隠したり、言葉を選んだりするといったお決まりのことをすることもなく、ユダヤ人殺害を既成事実として何度も語っていた。一九四三年一〇月、ポーゼン〔ポズナン〕で彼はナチ高級幹部たちを前にして、イデオロギーに基づくジェノサイドの必然性を説明した。「わずか数語の、ユダヤ人は絶滅されねばならないという文言は、諸君、たやすく口にされている。その文言が要求することを実行しなければならない者にとっては、最も厳しい困難が待ち受けているのである。……我々は疑問に直面した。女性や子供はどうなるのか。私はこの場合もまったく明快な解決策を見いだす決意をした。すなわち男性を絶滅させる――言い換えれば、殺害する、ないしは殺害させる――だけではなく、子供を我々の息子や孫を狙う復讐者に成長させないのも当然のことであるとみなした。この民族をこの地上から消し去らせるという難しい決断がなされねばならなかったのである」。

国防軍の将軍たちの前でも彼は同様に「ユダヤ人問題」について語っており、高級将校たちの激しい拍手喝采の中で明言した。「ユダヤ人問題は、我々の血の存在にかかわっている我が民族の生存競争に相応しく、一切の妥協をすることなく解決されたのである。私はこのことを同志である諸君に表明する」。

ナチ政権の将校や幹部を前にユダヤ人殺害に関してヒムラーが明け透けに多弁を弄したからといって、ドイツ人の大多数がホロコーストのことを知っていたという結論を出すことができないのは当然である。だが、それを知る機会は多くあった――そしてそれを知りえないということはほぼありえなかった。国防軍の兵士は休暇中に東部戦線について語ったり、自分が目にしたことを家へ手紙で書き送ったりした。ゲットーや強制収容所の存在は、「東部での移住」のためにヨーロッパ全域からのユダヤ人移送と同様に、隠しつづけることはできなかった。

多かれ少なかれドイツ支配地域の東部辺境での組織化された大量虐殺に関する確実な知識が――噂を超えて――あったということは、明らかである。しかしドイツ人はガス室や絶滅収容所のことは、知りたくはなかったが、何となく知っていた。多くの者にとって自己防衛であったことが、ヒトラー国家崩壊後にはその世代の生涯の自己欺瞞となった。彼らはその犯罪に愕然とし、恥じ入っていたので、知っていたことで自分たちが共犯であったことにしたくなかったのであり、一九四五年以後、口を揃えて何も知らなかったと主張し、大量虐殺は少数の犯罪者一派の秘密事項であったと自らに信じ込ませていた。

真実追究の努力

ホロコーストにはこの半世紀以来、法律家や歴史家が取り組んできている。一方ではこの世の正義を求めて、犯行者の処罰を求めて、見通しはつかないが、それにもかかわらず必要不可欠な努力をしている者がいる。他方では個々の完全な真実の追究という難題に取り組んでいる者もいる。一九四五年末に始まったニュルンベルク裁判を皮切りに、一九六一年のイェルサレムのアイヒマン裁判を経て、六〇年代半ばのフランクフルトのアウシュヴィッツ裁判ならびにデュッセルドルフのトレブリンカ裁判に至るまで、多くの訴訟手続きは司法の限界を示した。しかしこれらの裁判は個々の経過の解明に、ホロコーストについての理解に、計り知れない多大な貢献をした。

まず犯行の証拠保存に役立ち、次に事件の経過を描き出すことに役立った、研究や記録資料が多くあるにもかかわらず、この犯罪の原因と目的を解明する課題が、歴史家にはなお残されている。ホロコーストは反ユダヤ主義イデオロギーおよびゲルマン民族の優越性が持つ論理的な、それゆえア・プリオリに追求されたことの帰結だったのか、ホロコーストは人口移動を受け入れてまでも、戦略の一部として特定の住民を絶滅させるという、合理的な計算から生まれたパワー・ポリティクス〔権力政治〕の構成要素だったのか、当初からヒトラーの意図にあったのか、あるいはユダヤ人殺害はナチ支配の過激化の結果であったのか、または単にそのような機会が与えられた結果であったのか。ホロコーストの事実に疑念を抱くのはありえないことであり、人間の道徳や理性という意味でのホロコースト解明の追究は続くのである。

出典と参考文献

ホロコーストというテーマを扱った文献の数は、すべてを把握できないほど膨大で、絶えず増加している。以下に挙げた著作は、このテーマに関して本書で扱った側面はもちろんのこと、専門的な、さらに一歩踏み込んだ問題へと導いてくれる。以下に挙げてはいないが、本書で引用した証拠資料や原典刊行資料は、他の数多くの資料の中でも典型的で、代表的なものである。

Götz Aly: „*Endlösung*“. *Völkerverschiebung und der Mord an den europäischen Juden*, Frankfurt a. M. 1995.〔ゲッツ・アリー『最終解決――民族移動とヨーロッパのユダヤ人殺害』山本尤・三島憲一訳、法政大学出版局、一九九八年〕ホロコーストの合理性を経済および人口統計学上の計画によって証明しようとする試みで、印象深いものである。

Wolfgang Benz (Hrsg.): *Dimension des Völkermords. Die Zahl der jüdischen Opfer des Nationalsozialismus*, München 1991. 資料および方法論的諸問題と関連した地域研究に基づくホロコースト犠牲者の総計。

Richard Breitman: *Der Architekt der „Endlösung“: Himmler und die Vernichtung der europäischen Juden*, Paderborn 1996. ホロコーストの決定過程および実施に対するヒムラーの関与についての詳細な研究。

Christopher Browning: *Ganz normale Männer. Das Reserve-Polizeibataillon 101 und die „Endlösung“ in Polen*, Reinbek 1993.〔クリストファー・ブラウニング『普通の人びと――ホロコーストと第一〇一警察予備大隊』谷喬夫訳、筑摩書房、一九九七年〕一九四二～四三年の警察部隊による出動を再構成したもの。同時に犯行者心理に関するすぐれた事例研究。

Hans Buchheim / Martin Broszat / Hans-Adolf Jacobsen / Helmut Krausnick : *Anatomie des SS-Staates*, 2 Bände Olten und Freiburg i. Br. 1965. アウシュヴィッツ裁判に関する現代史研究所による所見。ユダヤ人迫害に関する十分な資料による叙述（クラウスニク）、強制収容所のシステム（ブロシャート）、支配機関としてのSS（ブーフハイム）、ソ連兵戦争捕虜の大量処刑（ヤーコプセン）。これらは今なお有効である。

Philippe Burrin : *Hitler und die Juden. Die Entscheidung für den Völkermord*, Frankfurt a. M. 1993. 〔フィリップ・ビューラン『ヒトラーとユダヤ人――悲劇の起源をめぐって』佐川和茂・佐川愛子訳、三交社、一九九六年〕一九四一年秋にユダヤ人絶滅を決定する際のヒトラーのイデオロギー的前提条件と動機の叙述。

Danuta Czech : *Kalendarium der Ereignisse im Konzentrationslager Auschwitz-Birkenau 1939–1945*, Reinbek 1989. 文書やその他の資料から編纂された絶滅収容所の年表。

Barbara Distel (Hrsg.) : *Frauen im Holocaust*, Gerlingen 2001. この論集は今日まで等閑視されてきたテーマの多くの側面に光を当てている。

Enzyklopädie des Holocaust. Die Verfolgung und Ermordung der europäischen Juden, hrsg. von Eberhard Jäckel, Peter Longerich, Julius H. Schoeps (Hauptherausgeber Israel Gutman), Berlin 1993. 数多くの思い違いや誤りがあるため、残念ながら使用価値が著しく低い。

„Es gibt nur eines für das Judentum : Vernichtung“. Das Judenbild in deutschen Soldatenbriefen 1939–1944, hrsg. von Walter Manoschek, Hamburg 1995. 狂信的なユダヤ人憎悪がナチズム世界観のエリートであるSSに限定されないことを明らかにした資料。

Christian Gerlach : *Kalkulierte Morde. Die deutsche Wirtschafts- und Vernichtungspolitik in Weißrußland 1941 bis*

1944, Hamburg 1999. 大量虐殺で特に重要な地域に関する記念碑的な事例研究。

Richard Glazar : *Die Falle mit dem grünen Zaun. Überleben in Treblinka*, Frankfurt a. M. 1992. 絶滅収容所、ホロコーストの手順、一九四三年八月の囚人蜂起についての、数少ない生存者の一人による自叙伝的報告。

Ulrich Herbert (Hrsg.) : *Nationalsozialistische Vernichtungspolitik 1939–1945. Neue Forschungen und Kontroversen*, Frankfurt a. M. 1998. 地域に重点を置いた重要な研究結果。

Raul Hilberg : *Die Vernichtung der europäischen Juden*, 3 Bde. Frankfurt a. M. 1990.〔ラウル・ヒルバーグ『ヨーロッパ・ユダヤ人の絶滅』全二巻、望田幸男・原田一美・井上茂子訳、柏書房、一九九七年〕このテーマに関する最も重要で、最も資料豊富な基本文献。

Eberhard Jäckel / Jürgen Rohwer (Hrsg.) : *Der Mord an den Juden im Zweiten Weltkrieg. Entschlußbildung und Verwirklichung*, Stuttgart 1985. 大量虐殺の立案と命令に関し、対立する立場で（ヒトラー主謀説と時機をめぐって）議論をたたかわせた学術会議の研究報告と討論をまとめたもの。

Ernst Klee : *Auschwitz, die NS-Medizin und ihre Opfer*, Frankfurt a. M. 1997. 医学、人口政策、人種主義に関連する例証。

Eugen Kogon / Hermann Langbein / Adalbert Rückerl u. a. (Hrsg.) : *Nationalsozialistische Massentötungen durch Giftgas. Eine Dokumentation*, Frankfurt a. M. 1983. ホロコーストでの毒ガスによる殺害問題すべてに関する国際専門家チームの詳細な研究。

Kommandant in Auschwitz. Autobiographische Aufzeichnungen von Rudolf Höss. Eingeleitet und kommentiert von Martin Broszat, Stuttgart 1958.〔ルドルフ・ヘス『アウシュヴィッツ収容所』片岡啓治訳、サイマル出版会、一九七二年〕公判中の一九四六～四七年に、クラクフの刑務所内で強制収容所司令官の生

涯と経歴について書かれた手記で、絶滅過程の詳細な記述がある。

Helmut Krausnick / Hans-Heinrich Wilhelm : *Die Truppe des Weltanschauungskrieges. Die Einsatzgruppen der Sicherheitspolizei und des SD 1938–1942*, Stuttgart 1981. 行動部隊の組織と国防軍との関係に関する綿密な叙述、ならびに行動部隊Aの作戦行動に関する事例研究。

Hermann Langbein : *...nicht wie die Schafe zur Schlachtbank. Widerstand in den nationalsozialistischen Konzentrationslagern 1938–1943*, Frankfurt a. M. 1980. 強制収容所、絶滅収容所における抵抗に関して綿密に調査され、記録されたもの。

Primo Levi : *Ist das ein Mensch? Erinnerungen an Auschwitz*, Frankfurt a. M. 1979. 〔プリーモ・レーヴィ『アウシュヴィッツは終わらない――あるイタリア人生存者の考察』竹山博英訳、朝日新聞社、一九八〇年〕アウシュヴィッツでの労働囚人としての生活に関する文学的証言。一九五八年にイタリア語で初めて出版された。

Josef Marszalek : *Majdanek. Gesichte und Wirklichkeit des Vernichtungslagers*, Reinbek 1982. ルブリン＝マイダネク収容所に関する豊富なデータを駆使し、余すところなく記録された資料。

Peter Novick : *Nach dem Holocaust. Der Umgang mit dem Massenmord*, Stuttgart, München 2001. アメリカ合衆国の政治文化におけるホロコーストの意味に関する批判的で、堅実な分析。

Miklos Nyiszli : *Im Jenseits der Menschlichkeit. Ein Gerichtsmediziner in Auschwitz*, Berlin 1992. 一九四六年に書かれた、アウシュヴィッツの死体焼却場での囚人特別班メンバーによる自叙伝的報告。

Kurt Pätzold / Erika Schwarz : *Tagesordnung : Judenmord. Die Wannseekonferenz am 20. Januar 1942. Eine Dokumentation zur Organisation der Endlösung*, Berlin 1992. 参加者の記録や伝記にみるヴァンゼー会議の前史、経過、結果。

Dieter Pohl : *Nationalsozialistische Judenverfolgung in Ostgalizien 1941–1944. Organisation und Durchführung eines staatlichen Massenverbrechens*, München 1996. ポーランドやウクライナの文書館に所蔵されている、今日まで知られていない資料をもとに行われた地域研究。

Adalbert Rückerl (Hrsg.) : *NS-Vernichtungslager im Spiegel deutscher Strafprozesse. Belzec. Sobibor. Treblinka. Chelmno*, München 1977. 大量虐殺の日常に光を当てるドイツ陪審裁判の記録文書および証拠資料。

Hans Safrian : *Eichmann und seine Gehilfen*, Frankfurt a. M. 1995. 大量虐殺犯行者の経歴。

Thomas Sandkühler : „*Endlösung*" *in Galizien. Der Judenmord in Ostpolen und die Rettungsinitiativen von Berthold Beitz 1941–1944*, Bonn 1996. 「最終解決」に関して民政の役割と個々人の行動の余地を含む重要な地域研究。

„*Schöne Zeiten*". *Judenmord aus der Sicht der Täter und Gaffer*, hrsg. von Ernst Klee, Willi Dreßen, Volker Rieß, Frankfurt a. M. 1988. ルートヴィヒスブルクの州司法行政機関中央本部の証拠書類から編纂された、犯行者の視点からのホロコーストに関する記録。

Rolf Steininger (Hrsg.) : *Der Umgang mit dem Holocaust. Europa-USA-Israel, Wien, Köln*, Weimar 1994. 各国におけるホロコースト受容史およびホロコースト研究の諸問題に関する論文集。

Im Warschauer Getto. Das Tagebuch des Adam Czerniakow 1939–1942, München 1986. ゲスターポ支配下のゲットーでの日常に関するワルシャワ・ユダヤ人評議会議長の日記。

さらにこれらを補完するものとして、ビデオやカセットテープによるホロコースト生存者の証言がある。

Erinnern als Vermächtnis. Berichte über Verfolgung und Alltag im Nationalsozialismus. Eine audio-visuelle Reihe des

Zenrtums für Antisemitismusforschung, Berlin 1995, darin : Richard Glazar, *Flucht aus Treblinka*, Max Mannheimer, *Überleben in Auschwitz*.

訳者あとがき

本書は、Wolfgang Benz : *Der Holocaust* (C. H. Beck 1995) を全訳したものです。

本書のテーマは、ヨーロッパを舞台に六〇〇万人以上のユダヤ人が殺害された人類史上未曾有の惨事、ホロコーストです。特筆すべきは、本書がドイツ人の立場から書かれているということです。なぜなら、ドイツ人は加害者であったため、ホロコーストに触れることはタブー視されてきましたが、著者ヴォルフガング・ベンツ氏は歴史家としてこのタブーに挑戦していると言えるからです。

しかも本来ならば、この巨大な事象を記述するにはおそらく百科全書並みの膨大な紙幅を要すると思われますが、ベンツ氏は独自の視点をもってこのような小さな本にまとめ上げています。しかし、コンパクトであるにもかかわらず、本書はよく目配りが利いており、盛り沢山の内容が実に手際よくまとめられています。これは他ならぬ著者の力量が並々ならぬことを示していると言えるでしょう。

本書の記述の特色としては、個人レベルに目が行き届いている、つまり個々人の立場からホロコーストを見ていること、テレージエンシュタットを大きく取り上げていること、シンティとロマに目が及んでいること、さまざまな原因や経過に触れながらホロコーストの在り方を簡潔に浮き彫りにしていること、などが挙げられます。本書で著者は、もろもろの事実、統計上の数字、証言等を紹介しながら、事件、個々人の運命、数百万のユダヤ人の運命を決めた政治的および組織的決定などを具体的に詳述しています。

しかし「日本語版への序文」で著者が述べているように、本書は近年のホロコースト研究の展開と進化を視野に捉えつつ、現時点での一つのまとめを提示したものであり、著者の言葉を借りれば、事実を巡る記述にとりあえず先立つホロコーストの概観なのです。一九八〇年代後半以来、ホロコースト研究が量的に増大し、質的にも多様化・深化してきた中で、このように全体像の俯瞰がなされたことは、一つの成果と言えるでしょう。

したがって本書は、ホロコーストに関心を持つ人々へのすぐれた啓蒙書であり、また一般読者にこの不可解で巨大な現象を近づきやすいものにしてくれる、いわば教科書のような役割を果たしているのです。

ところでベンツ氏は多彩な活動をし、多数の著書があるにもかかわらず、日本ではあまり知られていません。本書が単著の最初の邦訳でもあるので、簡単に紹介しておきたいと思います。

ベンツ氏は一九四一年生まれ、フランクフルト・アム・マイン、キール、ミュンヘンの各大学で歴史、政治学、美術史を学び、六九年から九〇年までミュンヘンの現代史研究所の共同研究員、その後九〇年からはベルリン工科大学教授兼同大学反ユダヤ主義研究センター所長として現在に至っています。オーストラリアやメキシコの大学で客員教授も務めています。叢書シリーズ『ダッハウ・ノート』（*Dachauer Hefte*）の共同創刊者で共同編集者、『歴史学』（*Zeitschrift für Geschichtswissenschaft*）誌の共同編集者のほか、多くの著作の編者を務め、九二年には『ダッハウ・ノート第七巻——連帯と抵抗』によってショル兄妹賞（Geschwister-Scholl-Preis）を受賞しています。この文学賞は「白バラ抵抗運動」のショル兄妹を念頭におき、八〇年にミュンヘン市とバイエルン書籍・出版社連盟によって創設され、毎年すぐれた出版物に与えられるものです。

またベンツ氏は、国際的な亡命研究学会（ドイツとアメリカにそれぞれ本部があります）の会長として、学際的に展開する亡命研究をリードしています。この学会では多方面の分野から参加した専門家たちが、ナチス・ドイツから国外へ亡命した人々や亡命を巡る事象を対象として活発な研究活動をしていますが、ベンツ氏はその中心的役割を果たしています。

ベンツ氏の主な著作として、本書以外には以下のようなものがあります。

Die Gründung der Bundesrepublik (dtv 1984)〔連邦共和国の建国〕

Potsdam 1945 (dtv 1986)〔ポツダム一九四五年〕

Die Juden in Deutschland 1933–1945. Leben unter nationalsozialistischer Herrschaft (C. H. Beck 1988)〔ドイツにおけるユダヤ人一九三三〜一九四五年——ナチ支配下の生活〕

Die Geschichte der Bundesrepublik Deutschland, 4 Bände (Fischer 1989, Hrsg.)〔ドイツ連邦共和国史　全四巻〕

Herrschaft und Gesellschaft im nationalsozialistischen Staat (Fischer 1990)〔ナチ国家における支配と社会〕

Zwischen Hitler und Adenauer. Studien zur deutschen Nachkriegsgesellschaft (Fischer 1991)〔ヒトラーとアデナウアーの間——ドイツ戦後社会の研究〕

Dimension des Völkermords. Die Zahl der jüdischen Opfer des Nationalsozialismus (Oldenbourg 1991, Hrsg.)〔大量虐殺の規模——ナチによるユダヤ人犠牲者の数〕

Das Exil der kleinen Leute. Alltagserfahrung deutscher Juden in der Emigration (C. H. Beck 1991, Hrsg.)〔普通の人びとの亡命——亡命下でのドイツ系ユダヤ人の日常体験〕

Legenden, Lügen, Vorurteile. Ein Wörterbuch zur Zeitgeschichte (dtv 1992, Hrsg.)〔つくり話、偽り、先入観——現代史辞典〕

Deutscher Widerstand 1933–1945 (Bundeszentrale für politische Bildung 1994)〔ドイツの抵抗一九三三〜一九四五年〕

Antisemitismus in Deutschland. Zur Aktualität eines Vorurteils (dtv 1995, Hrsg.)〔ドイツにおける反ユダヤ主義——

偏見の現実〕

Feindbild und Vorurteil. Beiträge über Ausgrenzung und Verfolgung (dtv 1996)〔敵のイメージと偏見――排除と迫害に関する論集〕

Enzyklopädie des Nationalsozialismus (Klett-Cotta und dtv 1997, Mithrsg.)〔ナチズム百科事典〕

Deutschland 1945–1949 (Bundeszentrale für politische Bildung 1998)〔ドイツ一九四五～一九四九年〕

Deutschland unter alliierter Besatzung 1945–1949/55. Ein Handbuch (Akademie Verlag 1999, Hrsg.)〔連合国占領下のドイツ一九四五～一九四九／五五年――ハンドブック〕

Das Dritte Reich (C. H. Beck 2000)〔第三帝国〕

Flucht aus Deutschland. Zum Exil im 20. Jahrhundert (dtv 2001)〔ドイツからの逃亡――二〇世紀の亡命〕

（以上訳者宛ての資料に拠る）

Lexikon des Holocaust (C. H. Beck 2002, Hrsg.)〔ホロコースト事典〕

Überleben im Dritten Reich. Juden im Untergrund und ihre Helfer (C. H. Beck 2003)〔第三帝国で生き延びること
――地下に潜伏したユダヤ人とその協力者たち〕

さらにこれらの著作に加えて、ベルリン工科大学反ユダヤ主義研究センター図書館所蔵の反ユダヤ主義に関する貴重な一次資料のマイクロフィッシュ化を監修しています（Wolfgang Benz (Hrsg.): *Die*

„Judenfrage". Schriften zur Begründung des modernen Antisemitismus 1780 bis 1918. Im Auftrag des Zentrums für Antisemitismusforschung der TU Berlin. ca. 450 Fiches inkl. Begleitband, K. G. Sauer 2002)。この資料集は書籍、論文、パンフレット等六〇〇点を含む膨大なもので、いずれも入手困難な重要文献や貴重な史料を含んでいます。収録資料は、アルファベット順に並べられた著者ごとに整理され、ベンツ氏による序説も付されており、反ユダヤ主義研究にとって第一級の一次資料と言えるでしょう。

以上のような経歴から、反ユダヤ主義研究に基づき、二〇世紀のドイツ史に広く関心が及ぶ著述活動をしていることがわかります。

本書はすでに英語（アメリカ版・イギリス版）、イタリア語、スロヴェニア語に翻訳されており、日本語版はそれらに続くものです。また、著者によれば目下韓国語への翻訳が進行中とのことです。このように本書は、ホロコーストの手頃な概説書として今後もいろいろな言語に翻訳がなされていくことでしょう。そして世界の多くの人々の目に触れ、ホロコーストに対する関心を高め、理解を深めていく手助けとなることでしょう。

本書の叙述は冷静で、分析的かつ説得的です。それだけに暴力のもつ虚しさ、おぞましいことを坦々とこなすことの虚しさといったものを察知させてくれます。今後、このような歴史上未曾有の犯罪を二度と繰り返さないためにも、ホロコーストを静かに見つめ、自らを問い直す作業が求められるでしょう。本書がそうした作業のささやかな一助になるとすれば、訳者としても望外の幸せです。

本書を翻訳するにあたって、元イングリッシュ・エージェンシーの村上隆子さん、柏書房編集部の山崎孝泰氏には大変お世話になりました。記してお礼申し上げます。山崎氏には訳文作成のさい貴重な助言を頂きました。また訳出にあたって多くの方々にご教示を頂きました。お名前は記しませんが、この場を借りてお礼申し上げます。

二〇〇三年一二月二五日

10月19日	グロボチュニク,「ラインハルト作戦終了」宣言

1945年

1月27日	アウシュヴィッツ，ソ連軍により解放
3月	アンネ・フランクとその姉妹，ベルゲン＝ベルゼン強制収容所でチフスで死亡
4月30日	ヒトラー自殺
5月7・9日	ドイツ降伏
8日	テレージエンシュタット，赤軍により解放
23日	ヒムラー自殺
11月14日	ニュルンベルク裁判開始（主要戦犯裁判，至46年10月1日／アメリカ軍事法廷46年12月4日～49年4月11日）

1947年

4月16日	ヘス，アウシュヴィッツで絞首刑

全30部あったヴァンゼー会議議事録の1部が発見

1948年

5月14日	イスラエル建国

1961年

4月10日	イェルサレムでアイヒマン裁判開始（62年6月1日処刑）

1963年

12月20日	フランクフルトでアウシュヴィッツ裁判（至65年8月20日）

1964年

10月12日	デュッセルドルフで第1次トレブリンカ裁判開始（至65年8月24日），第2次裁判（フランツ・シュタングル裁判70年5月13日～12月22日）

1月	エプシュタイン，テレージエンシュタットの「ユダヤ人長老」となる。44年9月27日に殺害される
2月5～12日	ビャウィストクで2000人のユダヤ人が銃殺，1万人がトレブリンカに移送
26日	シンティとロマの移送第一陣がアウシュヴィッツに到着
4月19日	ワルシャワ・ゲットー蜂起（至5月16日）
6月	赤十字社にテレージエンシュタットの視察許可
7月1日以降	ユダヤ人は警察法の下に置かれる（「ドイツ国公民法第13令による）
8月2日	トレブリンカ絶滅収容所で収容者による蜂起
8月15～20日	ビャウィストクのゲットー撤収命令。蜂起が発生したが，鎮圧される
10月4・6日	ヒムラー，ポーゼン（ポズナン）でSS高級将校，ナチ高級幹部を前に「ユダヤ人絶滅」について演説
14日	ソビブル絶滅収容所で収容者による蜂起
11月3日	マイダネクで「収穫祭作戦（血の日曜日）」：1万8000人を殺害

1944年

5月2日	ハンガリーからのユダヤ人移送第一陣がアウシュヴィッツに到着（5月15日～7月9日の間にハンガリー系ユダヤ人の大量移送）
6月23日	ヒムラー，ウーチ・ゲットー撤去を指示（6月からヘウムノへ，8月からはアウシュヴィッツへ移送）
7月20日	ヒトラー暗殺未遂事件 ロードス島からアウシュヴィッツへのギリシャ系ユダヤ人の移送
23日	赤十字社代表団，テレージエンシュタット視察 マイダネク強制収容所解放
8月2～3日	アウシュヴィッツ内のジプシー収容所一掃
30日	ルムコフスキ，家族と共にアウシュヴィッツに送られ，殺害される
8～9月	テレージエンシュタットでプロパガンダ映画「総統閣下はユダヤ人に都市を贈られる」を撮影
10月6～7日	収容者の蜂起により，アウシュヴィッツ第2収容所の第4死体焼却場が爆破。その直後ヒムラー，殺人中止およびアウシュヴィッツ＝ビルケナウの絶滅関連施設の破壊を指示

23日	ユダヤ人のドイツ国からの国外移住禁止
11月1日	ベウジェツ絶滅強制収容所の建設開始
8日	ユダヤ人移送が組織的かつ全国規模となる（至42年1月25日）
24日	ボヘミア・モラヴィア保護領からテレージエンシュタットへユダヤ人を移送
25日	ユダヤ人の国籍喪失に関するドイツ国公民法第11令公布
12月7日	ヒトラーの「夜と霧命令」
8日	ヘウムノに移送第一陣のユダヤ人到着。2台（後に3台）のガス・トラックによる殺害開始
	ドイツ軍，モスクワで敗退

1942年

1月16日	ウーチからヘウムノへのユダヤ人の移送開始（至1942年9月）。7万人殺害，9万人が軍需工場で強制労働
20日	ヴァンゼー会議開催
1月	ビルケナウで農家の一戸をガス室に改造（ブンカー1）
	ウーチのロマ，ガス・トラックでヘウムノ絶滅収容所で殺害
2月	ラーデマッハによるマダガスカル計画終幕宣言の書簡
3月1日	ソビブル絶滅収容所建設開始
5月27日	ハイドリヒがプラハで襲撃され，6月4日死亡
6月	ビルケナウでさらにもう一戸の農家をガス室に改造（ブンカー2）
6月以降	パウル・ブローベル指揮下の第1005特殊部隊が東部での虐殺行為の痕跡を消す任務に従事（1005作戦）
7月22日	トレブリンカ絶滅収容所完成（43年8月までに87万人殺害）
23日	ワルシャワ・ゲットーの長老チェルニャクフ自殺
10月以降	テレージエンシュタットからの移送列車の行き先はアウシュヴィッツのみ
12月16日	ヒムラー，シンティとロマに対する迫害措置の最終段階実行を指示（アウシュヴィッツ送りと殺害）

1943年

1月28日	レオ・ベック，テレージエンシュタットに移送されるが，生き延びる

30日　ウーチ・ゲットー封鎖
5月16日　ドイツ国領土から，シンティとロマの家族単位での組織的移送が開始
6月14日　パリ陥落
6月　ラーデマッハ監督指揮下，マダガスカル計画具体化
7月19日　ユダヤ人の電話の所有禁止
8月15日　アイヒマンによるマダガスカル計画文書を外務省が受理
8月　対英勝利が見込まれなくなり，マダガスカル計画頓挫
9月27日　日独伊三国同盟
10月22～25日　バーデンおよびザールプファルツ大管区で「ビュルケル作戦」実施。フランスのギュール収容所にユダヤ人を移送
11月15日　ワルシャワ・ゲットー封鎖

1941年

3月1日　ヒムラー，アウシュヴィッツ訪問の際，アウシュヴィッツ第2収容所（ビルケナウ）の建設命令（工期41年10月～42年3月）
6月22日　ドイツ軍，ソ連へ侵攻
23日　ソ連地区で行動部隊が虐殺行動を開始
27日　ドイツ，ビャウィストク占領支配，出動部隊によるユダヤ人虐殺
7月20日　ヒムラー，ルブリン訪問の際，マイダネク収容所設置命令
31日　ゲーリングによるハイドリヒへのユダヤ人問題解決に関する全権を一任する「任命書」
8月1日　ビャウィストクにゲットー設置
9月1日　ユダヤ人証明に関する警察命令により，9月15日以降6歳以上のユダヤ人は黄色い星を衣服に縫いつけておくことを義務化
3日　アウシュヴィッツ第1収容所の第11ブロックで，初のツィクロンBによるソ連兵捕虜殺害
29・30日　特殊部隊4a，キエフ近郊のバビ・ヤールで3万3771人のキエフのユダヤ人を虐殺（43年8月まで処刑地として使用）
10月15日　ドイツ国有鉄道の国外移送列車が運転開始
19日　ベオグラード近郊でセルビア系ユダヤ人とジプシー数千人銃殺

43年9月3日）
12月3日　ユダヤ人の原動機付き車両の運転および所有の禁止
8日　ヒムラー，ジプシー問題解決のための「鑑定」基準となるジプシーの人種生物学研究を指示

国家刑事警察局内に「不良分子ジプシー撲滅対策全国本部」設置

1939年

1月24日　ゲーリング，ベルリンに「ユダヤ人国外移住全国本部」設置命令
30日　ヒトラー，国会でユダヤ人絶滅を示唆する演説
3月15日　チェコ併合：その後ボヘミア・モラヴィアを保護領化
4月30日　対ユダヤ人賃貸借関係法
7月26日　プラハに「プラハ・ユダヤ人国外移住本部」設置
8月23日　独ソ不可侵条約
9月1日　ドイツ軍，ポーランド侵攻
ユダヤ人の外出時間制限
2日　ドイツ国境地帯での「ジプシーおよびジプシーのようにさすらう者の放浪」を禁止
3日　第2次世界大戦勃発
20日　ユダヤ人のラジオ所有禁止
21日　ハイドリヒ，行動部隊指導者らに対し「ユダヤ人問題の最終解決」の段階と方法が汲み取れる指示
27日　国家保安本部設置
9月以降　ユダヤ人の買い物にユダヤ人専用食料品店を指定
ルブリン＝ニスコ計画（至40年3月）
10月13日　ウーチの「ユダヤ人長老」にモルデハイ・ハイム・ルムコフスキ任命
17日　国家保安本部，ジプシーに対し「登録命令」
11月15〜17日　ウーチで「水晶の夜」と同様のポグロム発生

ドイツからのユダヤ人国外移住者ピークの年（7万5000〜8万人）

1940年

2月8日　ウーチ・ゲットー設置命令
4月27日　ヒムラー，アウシュヴィッツ強制収容所設置命令，各刑事警察地方司令部に，管轄地域で暮らしているシンティとロマを逮捕し，集結収容所に収容する命令

7月16日　ブーヘンヴァルト強制収容所設置
9月　ユダヤ人医師の健康保険医認定取り消し

1938年

3月13日　オーストリア併合
　26日　ユダヤ人への財産申告の強制：5000ライヒスマルクを超えるユダヤ人財産の申告を義務化
5月　公的受注入札からのユダヤ人締め出し
6月13日　ジプシーを強制収容所に予防拘禁（至6月16日）
7月6〜15日　エヴィアン会議：フランスのジュネーヴ湖畔でドイツから国外移住するユダヤ人の問題を協議する国際会議開催
　23日　1939年1月以降ユダヤ人専用の特別な身分証明書の導入を決定
　25日　ドイツ国公民法第4令：9月30日以降ユダヤ人医師の開業医免許取り消し
8月17日　ユダヤ人の名前に「ザーラ（サラ）」「イスラエール」という名前を追加する命令
　26日　ウィーンに「ユダヤ人国外移住本部」設置
9月29日　ミュンヘン協定調印
10月5日　「J」の赤い一文字がユダヤ人パスポートへ押印
　14日　ゲーリング，「ユダヤ人を経済活動から排除すべき」と表明
　ドイツ国公民法第5令：11月30日以降ユダヤ人弁護士の活動禁止
　28日　ゲスターポ，約1万7000人のポーランド国籍のユダヤ人をドイツ・ポーランド国境地帯に追放
11月7日　パリでヘルシェル・グリューンシュパーン，ドイツ大使館付公使館書記官エルンスト・フォム・ラートを銃撃
　9日　水晶の夜（11月ポグロム）：3万人のユダヤ人，ダッハウ，ブーヘンヴァルト，ザクセンハウゼン強制収容所送り
　12日　ドイツ国籍を有するユダヤ人の償いのための弁済命令，ドイツ経済活動からのユダヤ人排除命令（アーリア化）。39年1月1日以降施行
　15日　ユダヤ人子弟のドイツの学校への通学禁止
　20日　雇用・失業保険庁長官によるユダヤ人の強制労働に関する布告
11月　ドイツからユダヤ人の子供を救助する輸送活動開始（至

■関連年表

＊日付に諸説がある場合，本書および Wolfgang Benz (Hg.): *Lexikon des Holocaust*, München 2002. に拠った。

1933 年

1 月30 日	ヒトラー，政権掌握
3 月20 日	ダッハウ強制収容所設置
24 日	全権委任法
4 月 1 日	ユダヤ人商店や企業に対するボイコット運動
7 日	職業公務員制度再建法
25 日	ドイツ学校・大学定員超過防止法
5 月10 日	焚書事件
7 月14 日	ナチ党一党独裁体制確立
8 月25 日	ハーヴァラ協定調印
9 月22 日	文化院設置：全文化活動（文学，音楽，造形芸術，放送，劇，出版）からのユダヤ人締め出し
10 月 3 日	編集者法
14 日	ドイツ国際連盟脱退

1934 年

8 月 2 日	パウル・フォン・ヒンデンブルク大統領死去。ヒトラー，総統就任

1935 年

5 月21 日	全ユダヤ人を兵役から排除：国防法により「アーリア血統」が兵役条件
9 月15 日	ニュルンベルク諸法（「ドイツ国公民法」「ドイツ人の血と名誉を守る法」）
12 月31 日	公務員からユダヤ人を排除

1936 年

8 月 1 日	ベルリン・オリンピック開幕
8 月	ザクセンハウゼン強制収容所設置
10 月	ユダヤ人による非ユダヤ人への個人教授禁止

1937 年

4 月15 日	ユダヤ人の博士号取得禁止

【マ】

【ヤ】

【ラ・ワ】

■地名索引

＊「ドイツ」ならびに「ドイツ国」は省略した。

【マ】

【ヤ】

【ラ】

■人名索引

本書は、二〇〇四年に小社より刊行された書籍を、

「KASHIWA CLASSICS」シリーズの一冊として新装復刊したものである。

著者略歴

ヴォルフガング・ベンツ（Wolfgang Benz）

1941年生まれ。フランクフルト・アム・マイン、キール、ミュンヘンの各大学で歴史、政治学、美術史を学ぶ。1969年から1990年までミュンヘンの現代史研究所の共同研究員。この間多数の叢書の編集に関わる。『ダッハウ・ノート』の共同創刊者で共同編集者。1990年以降ベルリン工科大学教授。1990年から2011年まで同大学反ユダヤ主義研究センター長。1992年にショル兄妹賞（Geschwester-Scholl-Preis）を受ける。亡命研究学会会長。『歴史学』誌の共同編集者。

訳者略歴

中村浩平（なかむら・こうへい）

神奈川大学名誉教授。主な著訳書にO・F・ボルノウ『人間と空間』(共訳、せりか書房)、『国家とエスニシティ――西欧世界から非西欧世界へ』（共著、勁草書房)、F・バヨール／D・ポール『ホロコーストを知らなかったという嘘――ドイツ市民はどこまで知っていたのか』（共訳、現代書館）などがある。

中村　仁（なかむら・じん）

慶應義塾大学大学院文学研究科博士課程単位取得退学。関東学院大学など非常勤講師。専攻はホロコーストの文学や歴史。主な訳書にF・バヨール／D・ポール『ホロコーストを知らなかったという嘘――ドイツ市民はどこまで知っていたのか』（共訳、現代書館）などがある。

KASHIWA CLASSICS

ホロコーストを学《まな》びたい人《ひと》のために

2004年1月30日　第1刷発行
2012年3月15日　新装版第1刷発行

著者　ヴォルフガング・ベンツ
訳者　中村浩平・中村　仁

発行者　富澤凡子
発行所　柏書房株式会社
東京都文京区本駒込1-13-14（〒113-0021）
電話（03）3947-8251［営業］
（03）3947-8254［編集］

カバー・デザイン　秋山　伸
印刷・製本　株式会社デジタルパブリッシングサービス

ISBN978-4-7601-4093-0